CYCLE 4

5e

Cahier de français

Chantal Bertagna
Agrégée de Lettres Classiques

Françoise Carrier-Nayrolles
Agrégée de Lettres Modernes

hachette
ÉDUCATION

Remerciements

Nous remercions tous les enseignants qui ont contribué à la conception de cet ouvrage à l'aide de leurs précieux conseils et suggestions.

Édition : Louise Aymard
Conception graphique couverture : Studio Anne-Danielle Naname
Conception graphique intérieur : Studio Anne-Danielle Naname
Mise en page : Soft Office
Correction : La Machine à mots
Fabrication : Miren Zapirain

Hachette Education s'engage pour la préservation de l'environnement
Depuis plusieurs années, nous mettons en place **des solutions innovantes et écoresponsables**, en concertation avec nos fournisseurs, pour **limiter notre empreinte carbone et diminuer l'utilisation du plastique,** en suivant **5 grands objectifs** :

1. **Optimiser les formats** des ouvrages
2. **Utiliser** du **papier certifié**
3. **Réduire** autant que possible **le grammage du papier**
4. **Supprimer** peu à peu **le pelliculage plastique** de nos couvertures
5. **Imprimer** nos ouvrages **en France ou en Europe**.

PAPIER À BASE DE FIBRES CERTIFIÉES

hachette s'engage pour l'environnement en réduisant l'empreinte carbone de ses livres.
Celle de cet exemplaire est de :
800 g éq. CO_2
Rendez-vous sur www.hachette-durable.fr

hachette-education.com

ISBN : 978-2-01-706690-3
(ISBN à utiliser pour toute commande de l'ouvrage)

Bienvenue dans votre *Cahier de français* de 5e

- Dans **Je découvre**, vous découvrez les nouvelles leçons de 5e de façon active.
- Toutes les leçons sont disponibles au format audio.
- Le **niveau de difficulté des exercices** est marqué par des ✶✶.
- Avec la rubrique **Je rédige**, vous réinvestissez vos acquis dans des exercices d'écriture.
- Des **fiches Bilan** et des **Méthodes** vous donnent des clés pour apprendre et pour rédiger.
- Des **exercices interactifs**, des **dictées** et des **évaluations** vous permettent de tester vos connaissances et vos compétences.

Cahier conforme au **Programme de cycle 4** et à la **Grammaire du français-Terminologie Grammaticale** (BO n°31 du 30 juillet 2020) ainsi qu'aux **Repères annuels de progression** et aux **Attendus de fin d'année de 5e** (BO n°22 du 29 mai 2019).

Les ressources numériques de votre cahier

Accédez rapidement et facilement à chaque ressource de votre cahier grâce au lien qui lui est attribué.

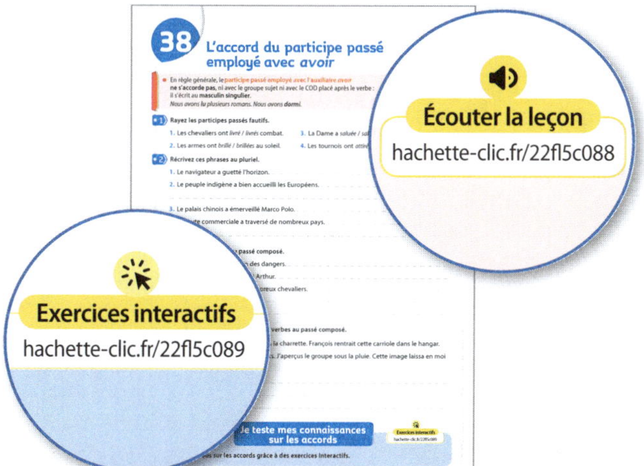

Les ressources sont également disponibles sur le site collection

college.hachette-education.com/fleursdencre/cahier-5e

Sommaire

LA PHRASE ET SES CONSTITUANTS

LE VERBE : CONJUGAISON ET EMPLOI DES TEMPS

L'ORTHOGRAPHE GRAMMATICALE : LES ACCORDS

LES DIFFÉRENCES ENTRE L'ORAL ET L'ÉCRIT

LE LEXIQUE

Les natures de mots (Les classes grammaticales)

1 Le nom et le groupe nominal

Écouter la leçon
hachette-clic.fr/22fl5c001

Un nom désigne un être, une chose, une idée. Il se reconnaît à

- la **présence d'un déterminant** : ***un** abri, **la** France.*
- la marque du **pluriel** en **-s** (quelquefois en **-x**) : *des bête**s** (des animau**x**).*
- la possibilité d'être **précédé** ou **suivi** d'un **adjectif** : *un **bon** ami, un ami **fiable**.*

Un nom se caractérise par

- son **genre** (masculin ou féminin).
- son **nombre** (singulier ou pluriel).

On distingue

- les **noms communs**.
- les **noms propres** qui commencent par une **majuscule** et s'emploient parfois sans déterminant : *la Bretagne, Lancelot.*

★ 1 a. Soulignez les éléments qui vous permettent d'identifier les noms parmi les mots en gras.
b. Entourez les mots en gras qui sont des noms.

1. Les **laisses** de ces grands chiens sont trop courtes. L'enfant **laisse** son manteau dans le vestiaire.

2. Elle **élève** des poules dans son jardin. Des **élèves** sont partis en voyage avec leurs professeurs.

3. Nous prendrons le train à la nouvelle **gare** à midi. Il **gare** sa voiture sur la place. **4.** Tu **signes** la carte d'anniversaire de ton meilleur ami. Vous remarquez les **signes** annonciateurs de l'orage.

★★ 2 Entourez les noms et soulignez ce qui vous a permis de les identifier.

Les aventuriers saisissent l'ours malade par les pieds, le hissent dans la solide charrette.

★ 3 En vous aidant d'un dictionnaire, indiquez le genre des noms en gras en entourant la bonne réponse.

1. Les **manches** des balais sont en bois *(M / F)*. Tu as recousu les **manches** de ta veste *(M / F)*.

2. Ces **mousses** *(M / F)* poussent dans les sous-bois. Les **mousses** *(M / F)* écoutent le capitaine.

★ 4 a. Soulignez les noms. b. Écrivez leur classe grammaticale d'origine : verbe • adjectif • participe passé.

faire le plein (→ ....)
un beau sourire (→ ....)
des mariés heureux (→ ....)
un jeune très sympathique (→ ....)
un fait surprenant (→ ....)

Certains mots appartenant à une autre classe grammaticale peuvent devenir des noms : vieux (adjectif), un vieux (nom).

★ 5 Entourez les noms propres.

Ta sœur Sophie habite à Toulouse, au centre-ville près du Capitole. Elle promène son chien Kouki sur les quais de la Garonne.

Écouter la leçon
hachette-clic.fr/22fl5c002

- Un **groupe nominal** est un groupe de mots dont le noyau est un nom.

Ce nom peut être

précédé d'un **déterminant** : *une* <u>ville</u>, **le** <u>monument</u>, **des** <u>pays</u>.	précédé ou suivi d'un **adjectif** : *le* **vieux** <u>Marseille</u>, *un* <u>film</u> **actuel**.	suivi d'un **nom** ou d'un **groupe nominal complément du nom** : *le* <u>mois</u> **de mai**, *le* <u>Paris</u> **de mon enfance**.

★ 6 Soulignez les groupes nominaux dont le nom noyau est en gras.

Le **comte** de Morlange croisa un **groupe** de paysans. Ils étaient occupés à scier des **troncs** abattus sous l'œil attentif d'un garde. Il resta auprès d'eux un petit **moment**, surveillant que pas un ne fît rouler une bûche dans les épais **fourrés** pour venir la récupérer à la **nuit** tombée.

D'après Alain Surget, *Le Renard de Morlange*, © Nathan Poche, 1995.

★★ 7 Entourez les groupes nominaux et soulignez leur nom noyau.

1. Les élégants danseurs s'élancent sur la piste.

2. Ma petite-cousine suit un cours de danse.

3. Les grands arbres jaunis bordent la route départementale.

4. Cet acteur portera un élégant costume de théâtre.

5. Les élèves de cinquième vont à la bibliothèque municipale.

★★ 8 Formez un groupe nominal à partir de chaque nom en suivant les consignes entre parenthèses.

1. château (déterminant + nom + adjectif) : ....

2. fête (déterminant + nom + adjectif) : ....

3. chapeaux (déterminant + adjectif + nom) : ....

4. villes (déterminant + adjectif + nom + adjectif) : ....

9 Je rédige **Poursuivez en quelques phrases le texte de l'exercice 6.**

Relisez-vous en soulignant les groupes nominaux et en entourant les noms noyaux.

....
....
....
....
....
....
....
....

2

Les natures de mots (Les classes grammaticales)

Les déterminants

Écouter la leçon
hachette-clic.fr/22fl5c003

- Les **déterminants** désignent et précèdent les noms.
- Les **articles** sont des déterminants.

Il existe des articles

- **indéfinis :** *un*, *une*, *des*.
- **définis :** *le*, *l'*, *la*, *les*, *au* (= *à le*), *du* (= *de le*), *aux* (= *à les*), *des* (= *de les*).
- **partitifs :** *du*, *de la*, *de l'*. Ils s'emploient pour un nom qui désigne quelque chose dont on ne peut mesurer la quantité. *Il a **du** courage.*

*Il parle **du** temps.* (= de + le temps) → article défini
*Il mange **du** pain.* → article partitif

1 a. **Soulignez les noms.** b. **Complétez les phrases avec des articles adaptés.**

Je décidai de voir .... prodige de .... tempête et de .... orage et je fis là .... folie : j'y aurais renoncé volontiers, si j'avais pu, dès .... instant même où, avec .... eau .... bassin, j'eus arrosé .... pierre creusée.

Chrétien de Troyes, *Le Chevalier au lion*, trad. Claude Buridant et Jean Trottin, © Champion, 1972.

2 **Entourez les articles partitifs.**

1. Il boit du sirop et de la grenadine. **2.** Il faut du courage pour affronter les tempêtes du désert.

3. Un vent du nord descend de la montagne. **4.** Il manque de l'ail dans ce plat.

3 **Complétez les phrases en employant ces noms précédés de l'article partitif qui convient :** énergie • chaleur • carburant • bois.

1. Il faut .... pour faire avancer la voiture.

2. Cette centrale électrique fournit .... à toute la région.

3. Autrefois, on utilisait .... pour se chauffer.

4. La cheminée dégage ....

Écouter la leçon
hachette-clic.fr/22fl5c004

- Un **déterminant possessif** exprime la possession.
- Il varie **en personne selon le possesseur, et en genre et en nombre selon l'élément possédé** :
  - **singulier** : *mon*, *ton*, *son*, *ma*, *ta*, *sa*, *notre*, *votre*, *leur* ;
  - **pluriel** : *mes*, *tes*, *ses*, *nos*, *vos*, *leurs*.

*Je range **ma** gomme et **mes** crayons. Tu ranges **ta** gomme et **tes** crayons.*

Devant un nom féminin commençant par une voyelle ou un *h* muet, on emploie *mon*, *ton*, *son* : ***mon** amie*, ***son** habileté.*

4 **Écrivez devant chaque nom tous les déterminants possessifs possibles.**

.... visite .... visites

.... action .... actions

5 **Complétez le tableau avec un nom précédé du déterminant possessif qui convient selon que : a. le personnage s'exprime ; b. l'on s'adresse au(x) personnage(s) ; c. l'on parle du (des) personnage(s).**

Paul	Lise	Paul et Lise
a. (un livre) *mon livre* (des bougies) mes	a. (un livre) .... (des bougies)	a. (un livre) .... (des bougies) ....
b. (une bougie) ta	b. (une bougie)	b. (une bougie) ....
c. (des livres)	c. (des livres)	c. (des livres) ....

Écouter la leçon
hachette-clic.fr/22fl5c005

- Les **déterminants démonstratifs *ce*, *cet*, *cette*, *ces*** désignent une personne, un élément **dont on a parlé** ou qui sera **précisé ensuite**.
- Ils peuvent être suivis de ***-ci***, qui marque la proximité (*cet homme-ci*), ou de ***-là***, qui désigne l'éloignement (*cet homme-là*).

Devant un nom masculin commençant par une voyelle ou un *h* muet, on emploie le déterminant *cet* : ***cet** arbre*, ***cet** honneur*.

6 **a. Indiquez pour chaque nom s'il est masculin (M) ou féminin (F). b. Faites-le précéder du déterminant démonstratif qui convient.**

M ☐ F ☐ habitude .... M ☐ F ☐ énergie ....
M ☐ F ☐ abri .... M ☐ F ☐ avantage ....
M ☐ F ☐ humiliation .... M ☐ F ☐ hiver ....
M ☐ F ☐ îlot .... M ☐ F ☐ argent ....
M ☐ F ☐ imprévu .... M ☐ F ☐ appel ....

7 **D'après la place du personnage, faites précéder chaque nom du déterminant démonstratif qui convient, et faites-le suivre de *-ci* ou de *-là*.**

1 .... lampe ....
2 .... lampe ....
3 .... chaise ....
4 .... chaises ....
5 .... verre ....
6 .... verre ....

Je découvre

8 **a. Entourez les déterminants.**

A. **1.** Quel tournoi ! **2.** Quelle fête ! **3.** Quels tournois ! **4.** Quelles fêtes !

B. **1.** Quel animal a-t-il vu ? **2.** Quelle bête a-t-il vue ? **3.** Quels animaux a-t-il vus ? **4.** Quelles bêtes a-t-il vues ?

b. Comment expliquez-vous les variations orthographiques du déterminant *quel* ?

....

c. Dans quelle série les phrases sont-elles de type interrogatif ? .... **de forme exclamative ?** ....

Écouter la leçon
hachette-clic.fr/22fl5c006

Les déterminants interrogatifs et exclamatifs

- Le déterminant *quel* peut s'employer dans :
  – une phrase interrogative : ***Quel*** film préfères-tu ?
  – une phrase exclamative : ***Quelle*** belle expérience !
- Il **s'accorde en genre et en nombre avec le nom** qu'il détermine.
  Quel *chemin prends-tu ?* ***Quelle*** *idée !* ***Quels*** *destins !* ***Quelles*** *intentions as-tu ?*

★ 9 Complétez les phrases en employant le déterminant *quel* que vous accorderez.

1. .... belle aventure ! **2.** .... sommets voulez-vous escalader ? **3.** .... expérience de la montagne as-tu ? **4.** .... guide fera l'ascension avec vous ? **5.** De .... courses en montagne rêves-tu ? **6.** .... audace est la sienne !

★★ 10 Transformez ces phrases déclaratives en phrases interrogatives ; vous ferez précéder les noms en gras du déterminant *quel* que vous accorderez.

1. Elle portera une **veste** sombre. ....

2. Tu comptes inviter des **amis**. ....

3. Vous cultivez des **plantes**. ....

Je découvre

★ 11 a. Entourez les déterminants qui précèdent les noms en gras.

A. Elle achète trois **cahiers** et six **livres**, cinq **crayons** et deux **feutres**.

B. Elle choisit le premier **magazine** de la première **pile** : ses frères choisissent les premiers **magazines** des premières **piles**.

b. Dans quelle série les déterminants indiquent-ils un nombre ? .... **un rang ?** ....

c. Dans quelle série les déterminants s'accordent-ils en genre et en nombre ? ....

Écouter la leçon
hachette-clic.fr/22fl5c007

Les déterminants numéraux

- Certains **déterminants numéraux** expriment un **nombre** ; ils sont généralement **invariables**.
  trente-huit *euros –* ***deux mille*** *euros*
- Certains **déterminants numéraux** expriment un **rang** ; ils **s'accordent en genre et en nombre avec le nom**.
  la ***première*** *fois*

★ 12 Rédigez en toutes lettres le montant en euros de ces tickets gagnants.

16 € .... 30 € .... 48 € ....

2000 € .... 4050 € ....

★ 13 Écrivez en lettres les déterminants numéraux.

1. Il a remporté le 3e .... prix. **2.** Il faut encore gagner des 10èmes .... de seconde. **3.** Les vents des 40èmes .... rugissants sont redoutables.

Je découvre

14 a. Entourez les déterminants des noms en gras.

Cette sportive pratique plusieurs **sports**. Parfois, elle expérimente certains **équipements** ou d'autres **structures** sans aucune **appréhension**.

b. Ces déterminants donnent-ils des informations précises sur ces noms ? OUI ☐ NON ☐

Les déterminants indéfinis

Écouter la leçon
hachette-clic.fr/22fl5c008

- Un **déterminant indéfini** ne donne **pas d'indications précises sur le nom** qu'il précède. ***Certains*** *chevaliers sont arrivés depuis* ***quelques*** *jours.*

Les principaux déterminants indéfinis sont

- **chaque** et **aucun(e)** qui s'emploient toujours au singulier : *Il n'a fait* ***aucune*** *erreur.*
- **autre(s)**, **certain(e)(s)**, **le/la (les)**, **même(s)**, **quelque(s)**, **tout(e)(s)** qui **s'accordent en genre et en nombre avec le nom.** *Un* ***certain*** *jour, une* ***certaine*** *heure,* ***certains*** *jours,* ***certaines*** *heures.*
- **plusieurs** qui s'emploie toujours au pluriel : *Il pratique* ***plusieurs*** *sports.*

- Les déterminants indéfinis s'emploient tantôt sans article, tantôt avec un article.
Plusieurs *personnes se promènent dans* ***toute*** *la ville avec un* ***certain*** *plaisir.*

15 a. Entourez les déterminants indéfinis. b. Soulignez les noms qu'ils déterminent.

1. Tous les chevaliers se rendent à la cour du roi Arthur. **2.** Chaque écuyer s'affaire pour ne laisser aucun détail de côté. **3.** Certaines armes ont besoin d'être entretenues.
4. Quelques vieilles armures sont à réparer. **5.** Tout baron félon sera puni.
6. Un autre tournoi se prépare.

16 Complétez les groupes nominaux avec le déterminant *tout* bien accordé.

1. Son cheval fait .... sa fierté.

2. Il s'entraîne .... les jours.

3. Je lui accorde .... ma confiance.

4. .... sportif qui réussit cette épreuve sera récompensé.

5. Il a .... ses chances.

17 Récrivez les phrases en remplaçant le déterminant *tout* par *aucun(e)* ou *chaque* ; faites toutes les modifications nécessaires.

1. Il vient tous les matins. Il vient ....

2. Elle remporte tous les succès. Elle ne remporte ....

3. As-tu relu toutes les leçons ? As-tu relu ....

4. Tu as essayé toutes les recettes de ce livre. Tu n'as essayé ....

Les natures de mots (Les classes grammaticales)

3 L'adjectif

Écouter la leçon
hachette-clic.fr/22fl5c009

Un adjectif

- **caractérise un nom** : *Ce preux chevalier est généreux.*
- **s'accorde en genre et en nombre avec le nom qu'il caractérise** : *un tournoi dangereux, des bêtes dangereuses.*
- peut **précéder** ou **suivre le nom** : *un grand tournoi, un tournoi dangereux.*
- peut **avoir plusieurs fonctions** (voir leçons 9 et 12).

★ 1 Légendez chaque dessin avec des groupes nominaux comportant un de ces adjectifs, que vous accorderez : lumineux • décoré • feuillu • national.

....

★ 2 a. Soulignez les adjectifs. b. Reliez-les à l'aide d'une flèche aux noms qu'ils caractérisent.

Les chevaliers très preux ont défilé devant la foule nombreuse. Le cavalier le plus courtois d'entre eux portait les nobles couleurs de sa dame. Soudain, un petit homme chétif et méconnaissable poussa un cri plus long et plus sinistre que le hurlement d'un loup.

★★ 3 Complétez les phrases en y insérant ces adjectifs, que vous accorderez : rieur • étroit • petit • doré • riche • joli • grand • beau.

Messire Yvain se trouva dans une .... salle ornée de clous .... et de .... peintures aux .... couleurs. Il entendit ouvrir la porte .... d'une .... chambre d'où sortit une .... demoiselle aux yeux ....

D'après Chrétien de Troyes, *Yvain ou le Chevalier au lion*, XIIe s.

Écouter la leçon
hachette-clic.fr/22fl5c010

- Il existe de nombreux **suffixes** qui servent à former des adjectifs :
  - → **-able** : *profitable*
  - → **-ain**, **-aine** : *romain, romaine*
  - → **-aire** : *légendaire*
  - → **-al**, **-ale**, **-aux** : *local, locale, locaux*
  - → **-âtre** : *grisâtre*
  - → **-el**, **-elle** : *éternel, éternelle*
  - → **-esque** : *titanesque*
  - → **-(i)eux**, **-(i)euse** : *creux, creuse ; curieux, curieuse*
  - → **-ible** : *prévisible*
  - → **-(i)en**, **-(i)enne** : *méditerranéen(ne), algérien(ne)*
  - → **-(i)er**, **-(i)ère** : *amer, amère ; guerrier, guerrière*
  - → **-in**, **-ine** : *câlin, câline*
  - → **-ique** : *spécifique*
  - → **-uble** : *soluble*

Attention, les adjectifs désignant l'origine géographique ne prennent pas de majuscule.

★ 4 a. Relevez dans la leçon les suffixes servant à former des adjectifs d'origines géographiques : ....

b. Formez des adjectifs à partir des noms géographiques suivants.

Vietnam :	Mexique :	Corée : ....
Europe :	Venezuela :	Canada : ....

5 a. **Complétez ces radicaux à l'aide des suffixes *-able* ou *-ible*.**

lis .... discut .... fais .... prévis ....

joign .... port .... divis .... ador ....

b. Ces suffixes signifient-ils : « qui peut être … » ? ☐ « qui doit être … » ? ☐

6 À partir des radicaux suivants, formez des adjectifs terminés par *-ique* ou *-esque*.

goth .... pittor .... hygién .... roman .... livr ....

com .... gigant .... maléf .... phys .... bénéf ....

7 a. Complétez les adjectifs. b. Quel est le suffixe commun à chaque liste d'adjectifs ?

1. identit .... excédent .... plant .... ordin .... → **suffixe :** ....

2. nation .... région .... spéci .... amic .... → **suffixe :** ....

8 a. Complétez le tableau. b. Quel est le suffixe commun à ces adjectifs ?

noms	adjectif masculin singulier	adjectif féminin singulier
guerre	....	....
mine	....	....
côte	....	....
	→ suffixe :	→ suffixe : ....

9 a. Complétez le tableau. b. Quel est le suffixe commun à ces adjectifs ?

adjectif masculin singulier		adjectif féminin singulier	
malheur	conscienc	malheur	conscienc ....
peur	silenc	peur	silenc ....
génér	mystér	génér	mystér ....
brum	env	brum	env ....
→ suffixe :	→ suffixe :	→ suffixe :	→ suffixe : ....

10 Récrivez la dernière phrase de l'exercice 2 en remplaçant *homme* par *femme* et *cri* par *plainte*.

....

....

11 Je rédige

Poursuivez le texte de l'exercice 2 en employant cinq adjectifs.

Reliez chaque adjectif au nom qu'il qualifie et vérifiez que les accords sont respectés.

....

....

....

....

4

Les natures de mots (Les classes grammaticales)

Les pronoms personnels

Écouter la leçon
hachette-clic.fr/22fl5c011

- Les **pronoms personnels** ont pour **rôle de** :
  → désigner une **personne** : *<u>Tu</u> nous connais !*
  → remplacer **un nom ou un groupe nominal**, **un infinitif** ou **une proposition**.

Sophie veut → ce petit chien.
Sophie veut → lire (un roman).
Sophie veut → que ses amies viennent à son anniversaire.

Sophie <u>le</u> veut.

- Les **pronoms personnels** varient selon la fonction, le nombre, la personne et le genre :

		1re personne	2e personne	3e personne
sujet	singulier	*je, j'*	*tu*	*il, elle, on*
	pluriel	*nous*	*vous*	*ils, elles*
complément	singulier	*me, m', moi*	*te, t', toi*	*le, la, l', lui, se, s', soi*
	pluriel	*nous*	*vous*	*les, leur, elles, eux, se*

*** 1 Soulignez d'un trait les pronoms de la 1re personne et de deux traits ceux de la 3e personne.**

Au sortir de la forêt, au pied des montagnes géantes, sous la lune, se tient un petit vieillard. Les rides cachent ses yeux, il n'a plus de dents. C'est lui qui joue de la flûte.

– Nous cherchons un maître du sabre, lui dit Kenkichi. Peut-être l'avez-vous aperçu ? C'est le samouraï le plus renommé de la région, mais il cache son nom…

– Ma foi, je le connais, dit le vieux, d'une voix tout usée.

Évelyne Reberg, *Ito ou la vengeance du samouraï*, © Évelyne Reberg, 2001.

**** 2 Soulignez les groupes de mots repris par les pronoms en bleu.**

1. Paul a surpris une petite tortue dans son jardin : il lui donne de la salade. **2.** Arthur pense que Gauvain est un excellent chevalier et il le dit aux autres chevaliers. **3.** Ma cousine souhaite prendre des cours de cuisine : elle le désire vraiment. **4.** Nous aimerions que la sortie en bateau soit réussie ; ne le voudrais-tu pas également ?

*** 3 Récrivez les phrases en remplaçant chaque groupe de mots souligné par un pronom personnel.**

1. <u>L'île de Robinson</u> est sauvage. ……………………………………

2. <u>La cabane et le jardin de Robinson</u> se situent au sud de l'île. ……………………………………

……………………………………………………………………………

3. <u>Vendredi</u> montre <u>des coquillages</u> <u>à Robinson</u>. ……………………………………

4. <u>Robinson</u> explore <u>l'île</u> avec <u>Vendredi et le chien Tenn.</u> ……………………………………

5. <u>Les plages de l'île</u> plaisent <u>à Robinson et à son chien</u>. ……………………………………

4 a. **Soulignez les mots ou les groupes de mots repris par les pronoms en gras.**
b. **Écrivez la fonction de chaque pronom en gras.**

1. Lucas a lu des livres puis **il** a joué. (il : ....)

2. Anne a acheté des DVD, puis **les** a prêtés. (les : ....)

3. Veux-tu passer chez moi ? Non, je ne **le** peux pas. (le : ....)

4. Iras-tu chez Anna pendant les vacances ? Chez **elle**, on s'amuse beaucoup.
(elle : ....)

5. J'avais perdu mon vélo ; j'ai rencontré Maxime et Dylan, et grâce à **eux**, je l'ai retrouvé.
(eux : ....)

5 **Complétez chaque phrase avec le pronom personnel qui convient.**

1. Pierre et ...., vous avez bien de la chance.

2. ...., tu préfères la danse et ...., je choisis la gymnastique.

3. Elle ....est dit qu'il .... faudrait faire des efforts.

4. On a toujours besoin d'un plus petit que ....

6 a. **Entourez *le, la, l', les* lorsqu'ils sont des pronoms personnels.**
b. **Soulignez les groupes nominaux qu'ils remplacent.**

1. Le bus est parti, je ne le vois plus.

2. La valise que les douaniers ont ouverte, tu n'as pas pu la refermer.

3. Voici les amis dont je vous ai parlé : les reconnaissez-vous ?

4. L'arbre au fond du jardin, je ne l'ai pas taillé.

7 **Récrivez les phrases en remplaçant chaque groupe nominal en gras par un pronom personnel.**

1. **Un jeune mousse** signala **la côte au capitaine.** ....

2. Le capitaine ordonna à ses hommes de descendre à terre. Ses **hommes** obéirent aussitôt **au capitaine.** ....
....

8 Je rédige

Poursuivez le texte de l'exercice 1 en employant des pronoms personnels que vous soulignerez.

....
....
....
....
....
....

Les natures de mots (Les classes grammaticales)

5 Les pronoms relatifs

Je découvre

1 **1.** Je prends la rue [**qui** conduit chez toi].

2. Je prends les rues [**qui** conduisent chez toi].

3. Je prends la rue [par **laquelle** tu passes].

4. Je prends les rues [par **lesquelles** tu passes].

a. **Soulignez dans chaque phrase le groupe nominal représenté par le pronom en gras.**

b. **Où ce groupe nominal est-il placé par rapport au pronom ?** ....

c. **Entourez les verbes : combien de propositions comptez-vous dans chaque phrase ?** ....

Écouter la leçon
hachette-clic.fr/22fl5c012

Un pronom relatif

- remplace un **nom**, un **groupe nominal** ou un **pronom** placé avant dans la phrase et nommé **antécédent**.
  *Je récite une poésie **qui** est émouvante.*
- respecte le genre et le **nombre du nom**, **groupe nominal** ou **pronom** qu'il remplace. Il faut donc veiller aux accords du verbe et de l'attribut du sujet avec le pronom *qui*.
  *Je lis des textes **qui** sont anciens.*
- introduit une **proposition subordonnée relative** (voir leçon 21).

2 **En observant les terminaisons en gras, soulignez le nom ou le groupe nominal qui convient.**

1. Irez-vous *à la fête / aux compétitions* qui aur**a** lieu lundi ?

2. Nous avons rencontré *Sophie / Hugo* qui semble curi**eux** de vous voir.

3. Tu contournes *les arbres / la haie* qui bord**ent** la cour.

4. Connais-tu *ce garçon / ces garçons et cette fillette / cette fillette / ces fillettes* qui s**ont** rieur**s** ?

3 **Complétez les phrases en proposant un nom ou un groupe nominal qui convienne.**

1. Nous observons .... qui sont colorées.

2. Le menuisier scie .... qui sont épaisses.

3. Connaissez-vous .... qui est venu en vélo ?

4. Parmi toutes les fleurs, je choisis .... qui ont le meilleur parfum.

- Il existe des **pronoms relatifs simples**, qui varient selon leur fonction dans la proposition subordonnée relative.

Écouter la leçon
hachette-clic.fr/22fl5c013

Pronoms relatifs	Fonctions	Exemples
qui	sujet	*Le chevalier aide la jeune fille [**qui** le remercie].*
que (qu')	COD	*La bague [**que** porte la reine] est en or.*
(à, de) qui (à, de) quoi	COI	*La fée [**à qui** Merlin donne un conseil] est Viviane.* *Ce [**à quoi** il s'emploie], c'est le bonheur de Viviane.*
où	complément circonstanciel de lieu	*Brocéliande est la forêt [**où** vit Merlin].*

✶ 4 a. Donnez la fonction du groupe nominal souligné. b. Complétez par le pronom relatif simple qui convient.

1. a. Il passe par une forêt : cette forêt fait peur. (..........) **b.** Il passe par une forêt .... fait peur. **2. a.** Un chemin serpente dans le champ. (..........) **b.** Le champ .... serpente ce chemin est cultivé. **3. a.** Gauvain offre un cheval à une dame. (..........) **b.** Je salue la dame .... Gauvain offre un cheval. **4. a.** Le chevalier reçoit une épée. (..........) **b.** Le page regarde l'épée .... reçoit le chevalier.

✶✶ 5 Sur le modèle ci-dessous : a. complétez les phrases par le pronom relatif simple qui convient ; b. donnez la fonction du pronom relatif.

*Max a construit une cabane. → La cabane **que** Max a construite résiste au vent.* (COD)

1. Tu as évoqué un îlot. → L'îlot .... tu as évoqué se situe dans le Pacifique. (..........)

2. Les nuages arrivent. → Les nuages .... arrivent sur la côte annoncent une tempête. (..........)

3. Le blé pousse sur le terrain. → Robinson a clôturé le terrain .... pousse le blé. (..........)

- Il existe un **pronom relatif composé** qui varie selon le genre et le nombre de l'antécédent (nom, groupe nominal, pronom) qu'il remplace et la fonction du pronom dans la proposition subordonnée relative :
  - ***lequel*** (*laquelle*, *lesquels*, *lesquelles*) : sujet, COD ou complément circonstanciel ;
  - ***auquel*** (*à laquelle*, *auxquels*, *auxquelles*) : COI ;
  - ***duquel*** (*de laquelle*, *desquels*, *desquelles*) : COI.

  *La poésie **à laquelle** je pense est un sonnet.*

Écouter la leçon
hachette-clic.fr/22fl5c014

✶ 6 a. Donnez la fonction du groupe nominal souligné. b. Complétez par le pronom relatif composé qui convient.

1. a. Les armes sont dans le coffre. (..........) **b.** Le coffre dans .... sont les armes est fermé.

2. a. Gauvain sourit à une dame. (..........) **b.** Tu observes une dame à .... Gauvain sourit.

✶✶ 7 a. Soulignez les groupes nominaux repris par les pronoms relatifs.
b. Récrivez les phrases en employant un pronom relatif composé.

1. Le chevalier à qui Merlin parle est Lancelot. ....

....

2. Le renard voit la branche où chante le coq. ....

....

✶✶ 8 a. Soulignez d'un trait les pronoms relatifs simples, de deux traits les pronoms relatifs composés.

Robinson s'était servi de la grotte qui était au centre de l'île pour mettre à l'abri les biens auxquels il tenait le plus : ses conserves qu'il avait confectionnées avec des fruits, **ses coffres où il abritait ses vêtements**, ses outils qu'il utilisait quotidiennement et enfin sa poudre avec laquelle il aurait pu faire sauter toute l'île.

b. Relevez le pronom relatif sujet : .... **; les pronoms relatifs COD :** ....

✶✶ 9 Récrivez le passage en gras dans le texte de l'exercice 8 en remplaçant le pronom relatif simple par un pronom relatif composé.

....

6

Les natures de mots (Les classes grammaticales)

Les adverbes et les prépositions

Écouter la leçon
hachette-clic.fr/22fl5c015

Les adverbes

- Les **adverbes** sont des mots **invariables**.
- Ils **modifient le sens**
  – des verbes : *Il parle **vite**.*
  – des adjectifs : *Elle est **très** sportive.*
  – des adverbes : *Il parle **très** vite.*
- Ils **expriment** une **circonstance** : **temps** (*après, aussitôt, hier…*), **lieu** (*ailleurs, dedans, ici…*), **manière** (*bien, mal, vite, facilement…*), une **quantité** ou une **intensité** (*peu, assez, beaucoup…*).
- Certains adverbes (*d'abord, alors, puis, ensuite, enfin…*) **relient des phrases ou des propositions** ; ils marquent la progression d'un récit.
  *Elle arrive **puis** elle sonne. **Ensuite**, elle attend.*

✶ 1 a. **Soulignez les adverbes.** b. **Encadrez le mot que chacun d'eux nuance.**

1. Le chevalier se montra fort courageux en défiant le colosse. **2.** La dame aimerait beaucoup pouvoir admirer le tournoi. **3.** Les champions sont bien entraînés et cherchent surtout à remporter les joutes.

✶ 2 **Donnez l'adverbe de sens contraire à chacun des adverbes suivants.**

beaucoup : .... dedans : .... devant : ....

mal : .... moins : .... près : ....

✶ 3 **Replacez ces adverbes de liaison dans le texte :** soudain • ensuite • enfin • bientôt • alors.

Le navire s'approchait de l'île. .... un des marins poussa un cri de détresse ; de toutes parts arrivaient des embarcations. .... le navire fut encerclé. .... le capitaine demanda à son équipage de rester calme. ...., il observa à la jumelle les différentes embarcations et ...., il reconnut celle du chef.

Écouter la leçon
hachette-clic.fr/22fl5c016

- Les **adverbes de manière en *-ment*** se forment en ajoutant le suffixe ***-ment*** :
  – au **masculin de l'adjectif** si celui-ci se termine par une **voyelle** : *sage* → *sage**ment***
  – au **féminin de l'adjectif** si le masculin se termine par une **consonne** : *fort* → *forte* → *forte**ment***

✶ 4 **Écrivez les adverbes correspondant à ces adjectifs.**

calme : .... solide : .... vrai : ....

poli : .... rare : .... joli : ....

✶ 5 **Écrivez les adverbes correspondant à ces adjectifs.**

peureux : .... doux : .... plein : ....

vif : .... fou : .... pareil : ....

★ 6 **Écrivez les adverbes synonymes de ces groupes nominaux.**

avec rapidité : .... avec soin : .... avec anxiété : ....

Les prépositions

Écouter la leçon
hachette-clic.fr/22fl5c017

- Les **prépositions** sont des **mots invariables**.
- Elles peuvent **relier** :
  – un nom à son complément du nom : *un bateau **à** moteur.*
  – un verbe à un COI : *Elle rêve **de** voyager.*
  – un adjectif au nom ou à l'infinitif qui le complète : *Elle est prête **à** partir.*
- Elles introduisent les compléments circonstanciels : ***à***, ***avec***, ***dans***, ***de***, ***en***, ***par***, ***pour***, ***sans***, ***sur…***
- Elles peuvent être composées de plusieurs mots : ***à cause de***, ***au-dessous de…***

Les prépositions *à* et *de* se combinent avec l'article défini :
à + *le* = *au*
à + *les* = *aux*
de + *le* = *du*
de + *les* = *des*

★ 7 **a. Entourez les prépositions. b. Soulignez les groupes de mots qu'elles introduisent.**

1. À midi, les élèves sortirent de la classe pour aller déjeuner.

2. La neige tombait sur la vallée.

3. Sans craindre le danger, l'aventurier entra dans le souterrain.

4. Elle a une réelle envie de découvrir le monde et s'informe à travers des magazines.

★ 8 **Complétez chaque groupe nominal avec une préposition.**

1. un bâtiment .... chantier **2.** le cycle .... saisons **3.** une rue .... issue

4. un vent .... automne **5.** un coffre .... bois **6.** une boîte .... musique

★ 9 **Complétez les verbes avec une ou plusieurs prépositions.**

croire .... jouer .... conseiller ....

chercher .... avouer .... transmettre ....

★★ 10 **a. Complétez ces phrases avec les prépositions qui conviennent.**
b. Soulignez en noir les compléments du nom, en bleu les COI, en vert les compléments circonstanciels.

Une fois.......... sommet .... volcan, les scientifiques .... l'expédition sortirent leur matériel .... leurs sacs. Ils se penchèrent .... quelques roches. Ils s'employèrent .... observer des fumerolles .... prendre de risque inconsidéré.

11 **Je récite** **Écrivez de mémoire les adverbes et les prépositions de la leçon, sans aucune erreur d'orthographe.**

....

....

....

....

....

Les conjonctions de coordination et de subordination

Écouter la leçon
hachette-clic.fr/22fl5c018

Les conjonctions de coordination

- Les sept **conjonctions de coordination** : *mais*, *ou*, *et*, *donc*, *or*, *ni*, *car* sont des mots **invariables**.
- Elles **relient** des mots ou des groupes de mots de même nature :
  – des noms ou groupes nominaux : *Alexandre* ***et*** *ses amis* vont à la mer.
  – des adjectifs ou participes passés employés comme adjectifs : Ces élèves sont *sérieux* ***et*** *appliqués*.
  – des verbes à l'infinitif : Elle aime *nager* ***et*** *plonger*.
  – des propositions : *Elle escalade les rochers* ***car*** *elle aime l'aventure*.

✱ 1 a. Entourez les conjonctions de coordination. b. Soulignez les mots ou groupes de mots qu'elles relient. c. Précisez la nature de ces mots ou groupes de mots.

1. Cette jeune femme n'aime pas broder ni tisser. ....
2. Préférez-vous les histoires chevaleresques ou merveilleuses ? ....
3. Les dames ne participaient pas au tournoi mais elles assistaient au spectacle. ....
4. Gauvain et Lancelot sont de remarquables chevaliers. ....
5. Les jongleurs préparent un numéro pour le roi et la reine. ....

✱ 2 Complétez les phrases avec les conjonctions de coordination qui conviennent.

1. Les grands voyageurs parcourent les plaines .... les montagnes. **2.** Ils ne craignent .... le grand froid .... la chaleur extrême. **3.** Préfèrent-ils camper .... dormir à la belle étoile ? **4.** Cet explorateur a dû abandonner l'aventure .... il était à bout de forces. **5.** Ces alpinistes connaissent bien la montagne .... ils ne prennent pas de risques inutiles.

✱✱ 3 Complétez le texte avec les conjonctions de coordination qui conviennent.

Parfois, plusieurs solutions sont possibles.

Quand Christophe Colomb .... Magellan partaient en expéditions, ils n'étaient pas sûrs d'atteindre leur destination .... de revenir au port de départ .... ils ne possédaient pas de cartes de navigation fiables. .... ils partaient néanmoins, poussés par le goût de l'aventure .... la soif de richesses.

Je découvre

✱ 4 a. Entourez les conjonctions de subordination qui introduisent les propositions subordonnées en gras. b. Les conjonctions de subordination sont-elles des mots variables ☐ ou invariables ☐ ?

1. Les chevaliers se prosternèrent **quand la reine arriva**.
2. Le roi Arthur souhaite **que Gauvain lui raconte ses aventures**.
3. Gauvain est apprécié **puisqu'il est un bon chevalier**.

Écouter la leçon
hachette-clic.fr/22fl5c019

Les conjonctions de subordination

- Les **conjonctions de subordination** sont des mots **invariables**.
- Elles servent à introduire une proposition subordonnée et à la relier à la proposition principale.
- Les plus fréquentes sont :
  – ***que*** (***qu'***) (simple lien) ;
  – ***quand, lorsque, après que, pendant que, avant que*** (temps) ;
  – ***parce que , comme, puisque*** (cause) ;
  – ***pour que, afin que*** (but).

✶ 5 Récrivez ces phrases en choisissant la conjonction de subordination qui convient.

afin que – que – avant que – parce que – que – pendant que

1. Il aimerait .... tu nous rejoignes .... tu puisses jouer avec nous.

2. .... les comédiens entrent en scène, ils se concentrent dans leur loge.

3. Des villages de l'île ont été évacués .... le volcan est entré en éruption.

4. On sait maintenant .... des inondations sont à craindre.

5. .... sa sœur finit ses devoirs, José écoute de la musique.

✶✶ 6 Complétez ces phrases avec une proposition subordonnée introduite par une conjonction de subordination qui respecte le sens indiqué.

1. Le roi Arthur envoie son meilleur chevalier combattre un monstre (cause)

....

2. (temps) ...., Lancelot et son ami font demi-tour.

3. Le tournoi sera spectaculaire (cause) ....

4. La reine invite les dames à la cour (but) ....

✶ 7 Poursuivez le texte de l'exercice 3. Vous emploierez trois conjonctions de subordination que vous soulignerez.

....

....

....

8 Je récite **Écrivez de mémoire les sept conjonctions de coordination et les conjonctions de subordination de la leçon, sans aucune erreur d'orthographe.**

....

....

....

....

Je vérifie mes connaissances

Complétez le schéma en proposant des exemples personnels.

LES NATURES DE MOTS
(Les classes grammaticales)

MOTS VARIABLES

VERBE

Ex. : *manger* ....

NOM

Ex. : *prince* ....

DÉTERMINANT

Ex. : *un* ....

ADJECTIF

Ex. : *bon* ....

PRONOM

Ex. : *je* ....

MOTS INVARIABLES

PRÉPOSITION

Ex. : *à* ....

CONJONCTION de coordination

Ex. : *mais* ....

CONJONCTION de subordination

Ex. : *que* ....

ADVERBE

Ex. : *aussitôt* ....

Je teste mes connaissances sur les natures de mots

Exercices interactifs
hachette-clic.fr/22fl5c020

Entraînez-vous sur les natures de mots grâce à des exercices interactifs.

Je développe mes compétences

Méthode 1

Construire un récit

Pour construire un récit, pensez à :

- **enchaîner les étapes de votre récit**, en employant des mots invariables comme : *d'abord, premièrement, pour commencer ; ensuite, puis, après cela… ; enfin, finalement ;*
- **employer des groupes nominaux et des pronoms** qui fassent clairement comprendre de quel personnage il s'agit et qui donnent des informations sur ce personnage : *Le chevalier : il, Lancelot, ce valeureux combattant, l'amoureux de la reine… ;*
- **employer des pronoms** qui respectent le genre et le nombre du nom qu'ils remplacent : *Il y a <u>des personnes</u> dans le couloir. ~~Ils~~ partent.* → *Elles partent.*

J'évalue mes connaissances et mes compétences

Évaluation 1

Janvier gelait à pierre fendre. La lune et les étoiles brillaient comme des diamants dans le ciel pur. La terre était bleue, crevassée, ouverte par le froid. Les flaques d'eau avaient pris le teint blanc de la glace. Tout paraissait engourdi, figé, l'espace comme les hommes qui hésitaient à mettre le nez hors de leurs chaumières ou de leurs forteresses.

La poterne[1] s'ouvrit sans bruit. Une silhouette noire se faufila hors du château, se laissa glisser dans les douves[2], traversa la couche de glace avec une extrême prudence, remonta de l'autre côté. Vêtue d'un costume de page[3], la comtesse Mathilde profita de ce que la sentinelle[4] faisait le tour du chemin de ronde pour courir vers un bosquet[5] tout proche et s'y cacher, la main sur sa dague[6] car elle n'était pas très rassurée.

Un peu plus tard, elle vit descendre le pont-levis, Renaud de Morlange s'engager par-dessus le fossé, puis la plate-forme remonter et se refermer dans un grondement sourd. Le seigneur passa près d'elle, se dirigea droit vers la forêt. Elle lui laissa une courte avance, quitta son abri et se mit à le suivre en se coulant[7] dans les zones d'ombre… Puis, dans le bois, en progressant d'un tronc à l'autre.

Alain Surget, *Le Renard de Morlange*,
© Nathan Poche, 2005.

1. petite porte dans la muraille. 2. fossé rempli d'eau autour d'un château. 3. jeune noble au service d'un roi. 4. soldat chargé de faire le guet. 5. petit bois. 6. courte épée. 7. se glissant.

Lecture et langue

1. L. 1 à 8 : à quelle saison et à quel moment de la journée la scène se passe-t-elle ? Citez des éléments du texte à l'appui de votre réponse.

2. L. 9 à 17 : a. Qui est la « silhouette noire » ? **b. Qu'apprend-on à son sujet ?**

c. Proposez un adjectif qui caractérise son attitude.

3. L. 9 à 26 : quelles sont les grandes étapes du récit ? Soulignez les adverbes et groupes d'adverbes qui introduisent les deuxième et troisième étapes.

4. Dans la phrase en bleu : a. Relevez les pronoms personnels et dites quel personnage chacun d'eux représente.

b. Quelle est la fonction de « Elle » et de « lui » ?

5. En vous aidant des questions précédentes, dites ce que vous ressentez à la lecture de ce texte.

Écriture

Imaginez une suite possible à ce texte.

Reportez-vous à la Méthode 1 (p. 22) pour construire votre récit.

8

Les fonctions

Le groupe sujet

Écouter la leçon
hachette-clic.fr/22fl5c021

- Le **groupe sujet**, **élément essentiel** de la phrase, ne peut pas être supprimé car c'est ce dont on parle. Il **commande l'accord du verbe** en **personne** (1re, 2e, 3e) et en **nombre** (singulier, pluriel). ***Lancelot** devient chevalier. **Nous** devenons chevaliers.*
- La **classe grammaticale** d'un groupe sujet peut être un **nom** ou un **groupe nominal**, un **pronom**, un **verbe à l'infinitif**. ***Être ponctuel** est une qualité.*

Pour repérer un sujet, on peut poser la question : « Qui ? » ou « Qu'est-ce qui... ? » ou tenter de l'encadrer par « C'est... qui », « Ce sont... qui ».

✶ 1 a. Soulignez les groupes sujets des verbes en gras. b. Indiquez la classe grammaticale de chacun.

1. Le manteau de mon frère **est** épais ; il **est** chaud. ....
2. Ce voyage **est** une étonnante expédition. Magellan **a bravé** des dangers. ....
3. Savoir se servir d'une boussole **a permis** aux navigateurs de se repérer en mer. ....

✶ 2 a. Soulignez les groupes sujets. b. Récrivez les phrases en passant les groupes sujets du singulier au pluriel et inversement.

1. Le troubadour divertit le seigneur. ....
2. Nous entendons le chien aboyer. ....
3. Les servantes étendent le linge. ....

Écouter la leçon
hachette-clic.fr/22fl5c022

- Un **groupe sujet** peut être le **sujet de plusieurs verbes**. Un verbe peut avoir **plusieurs groupes sujets**. ***Les chevaliers** se retrouvent et tournoient. **Arthur et sa cour** festoient.*
- Le **groupe sujet** est généralement placé **avant le verbe**. Il peut être **inversé** dans :
  – les phrases interrogatives : *Venez-**vous** ?*
  – les propositions qui servent à rapporter des paroles : *« Je vous remercie », dit-**elle**.*
  – les phrases commençant par un complément circonstanciel : *Sous la glace se durcit **la terre**.*
  – certaines propositions subordonnées relatives : *Je lis le roman que m'a offert **ma sœur**.*

✶ 3 Soulignez les groupes sujets des verbes en gras.

1. Un vieux pirate, avant de mourir, **dessina** une carte au trésor et la **confia** à un jeune homme. 2. Ce garçon **étudia** longuement la carte que lui **avait donnée** le pirate et il **décida** de partir à la recherche du trésor. 3. Le jeune capitaine et son équipage **embarquèrent** sur un bateau.

✶✶ 4 Complétez les phrases avec des groupes sujets qui conviennent.

1. Apprécies-.............. la chevalerie ? 2. Dans ce champ se dérouleront .... 3. « .... souhaitons gagner les joutes », disent .... 4. Sur le pont-levis se croisent .... 5. « Que pensez-.............. de ce tournoi ? » demande ....

5 Je rédige **Racontez un numéro de cirque en employant des groupes sujets variés que vous soulignerez.**

9 L'attribut du sujet

Écouter la leçon
hachette-clic.fr/22fl5c023

L'attribut du sujet

- exprime une caractéristique du sujet auquel il est relié par les verbes ***être***, ***paraître***, ***sembler***, ***devenir***, ***demeurer***, ***rester***, ***avoir l'air***, ***passer pour***…
- peut être un **nom** ou un **groupe nominal**, un **adjectif** ou un **participe**, un **pronom**, un **verbe à l'infinitif**. *Marco Polo est* ***un voyageur****. Il est* ***curieux****. Ce livre est* ***le sien****. Son plaisir est* ***de raconter****.*
- s'accorde avec le sujet s'il est un adjectif ou un pronom (voir leçon 37). *Il est* ***curieux****. Elle est* ***curieuse****. Ce livre est* ***le tien****. Cette trousse est* ***la tienne****.*

★ 1 a. Barrez les trois phrases sans attribut du sujet. b. Soulignez l'attribut du sujet dans les autres phrases.

1. La reine demeure à la cour. **2.** Le chevalier demeure prudent à l'approche du fleuve. **3.** Christophe Colomb est énergique. **4.** Pendant plusieurs heures, Christophe Colomb est sur le pont du navire. **5.** Elle paraît soucieuse. **6.** Elle paraît sur le seuil de sa porte.

★★ 2 a. Entourez les groupes sujets. b. Soulignez les attributs du sujet. c. Indiquez la classe grammaticale de ces attributs.

1. Certains romans d'aventures demeurent célèbres. ....

2. Yvain reste mon héros préféré. ....

3. Son activité favorite est de chanter dans une chorale. ....

★★ 3 Complétez chaque phrase avec un attribut du sujet respectant la classe grammaticale indiquée entre parenthèses.

1. La pièce de théâtre semble .... aux yeux des spectateurs. (*adjectif*)

2. Les personnages de la pièce sont principalement .... (*groupes nominaux*)

3. Le public paraît .... (*participe passé*)

★★ 4 Récrivez le texte en remplaçant « Tom » par « Les deux sœurs ». Faites toutes les modifications nécessaires.

Tom semble satisfait de la sortie. Il est à la fois heureux et fier d'avoir pris de belles photographies.

....

....

5 Je rédige

Décrivez votre héros préféré. Vous emploierez trois attributs du sujet, que vous soulignerez.

Les fonctions

10 Les compléments d'objet : le COD et le COI

Écouter la leçon
hachette-clic.fr/22fl5c024

Le COD (complément d'objet direct)

- est un **complément du verbe** ;
- ne peut pas être supprimé ni déplacé sans rendre la phrase incorrecte ou en changer le sens ;
  Il monte un meuble. (= Il le construit.) ≠ *Il monte.* (= Il va vers le haut.)
- est **directement lié au verbe**, **sans préposition** ;
- se place **après le verbe**, sauf s'il est **un pronom personnel** ou **le pronom relatif *que***.
  *Attrape **la balle que** je lance. Il **la** lance.*

Les classes grammaticales du COD

un nom ou un groupe nominal	*Il rencontre **Merlin**. Il voit **l'enchanteur**.*
un pronom	*Il **le** rencontre. L'enchanteur **qu'**il rencontre se nomme Merlin.*
un verbe à l'infinitif	*Il veut **rêver**. Il veut **rêver à ses vacances**.*
une proposition subordonnée conjonctive (voir leçon 22)	*Il pense **que tu vas bien**.*

*** 1 a. Soulignez les COD. b. Entourez leur classe grammaticale parmi celles proposées.**

1. Le roi Arthur reçoit Gauvain. *(nom / groupe nominal)*
2. Les chevaliers protègent les personnes en difficulté. *(groupe nominal / pronom)*
3. Toutes ces aventures, Perceval les raconte. *(groupe nominal / pronom)*
4. La femme qu'il aime se nomme Yseult. *(nom / pronom)*
5. Lancelot veut gagner le tournoi. *(pronom / verbe à l'infinitif)*

**** 2 a. Soulignez les COD. b. Indiquez leur classe grammaticale.**

1. Vendredi sert Robinson. .... Il l'accompagne sur l'île. ....
2. Tous deux aiment jouer au cerf-volant. ....
3. Ils marchent vers la cabane qu'ils ont construite. ....

**** 3 a. Soulignez chaque groupe nominal COD.**
b. Récrivez les phrases en remplaçant ces groupes nominaux par un pronom.

1. Le chef de troupe appelle les comédiens. ....
2. Les costumières préparent à la hâte un costume. ....
....
3. Les ouvreuses conduisent les spectateurs dans les travées. ....
....
4. Le public applaudit chaleureusement la troupe. ....
....

Écouter la leçon
hachette-clic.fr/22fl5c025

Le COI (complément d'objet indirect)

- est un complément du verbe ;
- ne peut être ni supprimé ni déplacé sans rendre la phrase incorrecte ou en changer le sens ;
Il rêve d'une victoire. (= Il l'espère.) ≠ *Il rêve.* (= Il laisse aller sa pensée.)
- est **généralement relié au verbe par les prépositions à ou de**. *Il parle* ***à Gabriel****. Il parle* ***de Gabriel*** ; sauf si c'est un pronom. *Elle* ***leur*** *parle.*
- se place après le verbe, sauf s'il est **un pronom personnel** ou **le pronom relatif** ***(à) qui, quoi, auquel***. *Je pense* ***à la personne à laquelle*** *tu as parlé.*

Les classes grammaticales du COI

un nom ou un groupe nominal	*Il parle à* ***Merlin****. Il parle de* ***l'enchanteur****.*
un pronom	*Il* ***lui*** *parle. L'enchanteur* ***auquel*** *il parle se nomme Merlin.*
un verbe à l'infinitif	*Il parle* ***de partir****. Il parle* ***de partir en vacances****.*

4 **a. Entourez les groupes nominaux COI. b. Soulignez les pronoms COI.**

1. Elle parle des livres anciens.
2. Il apprécie son voisin et lui ressemble un peu.
3. Il a manqué d'énergie dans la pratique de ce sport.
4. Cette valise vous appartient.
5. Elles ne participeront pas aux prochaines rencontres.
6. Il va découvrir le film auquel il pense.
7. Va-t-il réussir ? Il en doute.
8. Ils pratiquent le rugby et y jouent deux fois par semaine.

5 **a. Soulignez les COI. b. Indiquez la classe grammaticale de chaque COI.**

1. Elle envisage de vivre en Italie. ....
2. Tu nous as reconnus et tu as souri à nos amis. ....
3. Il leur obéit. ....
4. La femme à qui vous souriez travaille à Lyon. ....

Écouter la leçon
hachette-clic.fr/22fl5c026

- **Certains verbes** se construisent avec **deux compléments :**
– COD + COI : verbes *donner, offrir, priver, ôter…*
Il offre ces livres à Léa. Il les lui offre.
– deux COI : verbes *parler, faire part…*
Il parle à Léa de ses projets. Il lui en parle.

6 **a. Soulignez les COD. b. Entourez les COI.**

1. Le metteur en scène donne des indications aux acteurs.
2. Les éclairagistes à qui il présente la scène placent leurs appareils.
3. La couturière prévient les actrices des prochains essayages.
4. Un des acteurs explique à son interlocuteur qu'il changera de rythme.
5. Le directeur demande aux ouvreuses leur avis.

7 a. **Soulignez les COD.** b. **Entourez les COI.**

1. Les jongleurs voulurent venir en nombre. **2.** Ils annoncèrent au châtelain le programme des réjouissances. **3.** Puis ils lui dévoilèrent une partie de leur spectacle. **4.** Le seigneur se soucia de leur bien-être et appela les servantes auxquelles il commanda de la nourriture en abondance.

c. **Relevez les COI qui sont :**

– des groupes nominaux : ……………………………………………

– des pronoms : ……………………………………………

8 **Complétez les phrases par un autre COI.**

1. Lancelot fait part de sa quête ……………………………………………

2. Il parle …………………………………………… à toute la cour d'Arthur.

3. Il avance vers la reine à qui il se plaint ……………………………………………

4. La reine …………………………………………… parle d'un chevalier nouvellement adoubé.

5. Le messager rend compte au roi …………………………………………… .

9 **Récrivez ces phrases en les complétant à l'aide d'un COD ou d'un COI et en respectant les consignes entre parenthèses.**

1. Le seigneur interdit (*COI/groupe nominal*) (*COD/groupe nominal*).

……………………………………………

2. On (*COI/pronom*) a annoncé (*COD/proposition subordonnée conjonctive*).

……………………………………………

3. Le page du seigneur apporte (*COD/groupe nominal*) (*COI/groupe nominal*).

……………………………………………

4. Les vilains (*COI/pronom*) le page a parlé se plaignent (*COI/groupe nominal*).

……………………………………………

10 **Je rédige**

En vous inspirant du dessin, racontez la scène. Vous emploierez des COD ou COI que vous soulignerez : en noir les COD, en bleu les COI.

……………………………………………

……………………………………………

……………………………………………

……………………………………………

……………………………………………

……………………………………………

……………………………………………

……………………………………………

……………………………………………

……………………………………………

11 Les compléments circonstanciels

Écouter la leçon
hachette-clic.fr/22fl5c027

- Les compléments circonstanciels expriment diverses circonstances : lieu, temps, cause…
- Ils peuvent être supprimés et généralement déplacés et peuvent s'additionner dans une même phrase :
Un soir de septembre (c. c. de temps), *dans la forêt* (c. c. de lieu), *un chevalier combat son adversaire* *parce qu'il l'a défié* (c. c. de cause).

★ 1 Précisez la circonstance exprimée (lieu, temps, cause) par le complément circonstanciel en gras.

1. **Sur l'île** courent des chèvres sauvages. .... 2. **Durant l'accostage**, un marin observe le relief de l'île. .... 3. Il a **longtemps** navigué avec Christophe Colomb. .... 4. **Par peur de rencontrer un danger**, les marins gardent le silence. ....

★ 2 Pour chaque complément circonstanciel en gras, précisez la circonstance exprimée.

Lors de sa quête (..................), Yvain a vaincu un monstre. **En raison de son imprudence** (..................), il a touché la fontaine magique **près du grand pin** (..................).

★★ 3 Complétez ces phrases avec les compléments circonstanciels demandés.

1. (*lieu*) ...., Tristan a (*temps*) ...., affronté le Morholt.
2. (*cause*) ...., Yseut aux blanches mains a menti à Tristan.
3. (*temps*) ...., la servante avait préparé le philtre (*lieu*) ....

★★ 4 a. Répondez aux questions par une phrase comportant un complément circonstanciel que vous soulignerez. b. Précisez la circonstance exprimée.

1. Où le roi réunit-il ses chevaliers ? ....
2. Pourquoi le roi a-t-il menti à la reine ? ....
3. Quand le tournoi aura-t-il lieu ? ....

5 Je rédige **Imaginez une suite au texte de l'exercice 2.**

Vous emploierez des compléments circonstanciels que vous soulignerez de trois couleurs différentes selon la circonstance.

....
....
....

Je découvre

★ 6 Indiquez la classe grammaticale des compléments circonstanciels de manière en gras.

1. Une aventurière découvre le lieu **avec prudence** et **avec attention**. ....
2. Une aventurière découvre le lieu **prudemment** et **attentivement**. ....

7 **Pour chaque complément circonstanciel en gras, indiquez s'il exprime le moyen grâce auquel se fait l'action ou la manière dont se fait l'action.**

1. Le moniteur appelle les enfants **avec son sifflet.** ……………………

2. Il cherche **avec énergie** l'entrée du tunnel. ……………………

Le complément circonstanciel de manière

Il répond à la question : ***de quelle manière ?***

Écouter la leçon
hachette-clic.fr/22fl5c028

- Il indique une **façon d'être**, **d'accomplir une action**.
- Il peut être exprimé par :
  – un **nom** ou **un groupe nominal précédé d'une préposition** : *à, avec, par, sans* ;
  – un **adverbe de manière** : *vite, fort, mal, bien*, les adverbes en *-ment*…
  Il avance ***lentement*** *et* ***avec prudence.***

Le complément circonstanciel de moyen

Il répond à la question : ***avec quoi ?***

- Il désigne **l'objet**, **le moyen grâce auquel l'action s'accomplit**.
- Il est exprimé par un **nom**, un **groupe nominal** ou un **pronom, précédés d'une préposition** : *avec, à l'aide de, au moyen de…*
  Il marche ***avec des béquilles.***

★ 8 **Indiquez si les compléments circonstanciels en gras expriment le moyen ou la manière.**

1. Le groupe d'amis prépare **avec enthousiasme** la salle pour la fête. ……………………

2. **Avec des balais**, ils nettoient **soigneusement** toutes les pièces **vite** et **bien**. ……………………

……………………

3. **Par des prospectus**, ils font connaître le programme de la fête. ……………………

★ 9 **a. Soulignez les groupes nominaux compléments circonstanciels. b. Précisez s'ils expriment le moyen ou la manière.**

1. Lancelot frappe son adversaire de son épée. (……………)

2. Sans crainte, le chevalier traverse la forêt au grand galop. (……………) (……………)

3. Le monstre fonce à toute vitesse sur Tristan et le menace de ses griffes acérées. (……………)
(……………)

4. La dame regarde son champion avec attention. (……………)

★★ 10 **a. Récrivez les phrases en changeant la classe grammaticale des compléments circonstanciels en gras.**

1. Il parle **avec douceur.** ……………………

2. Elle embrasse ses enfants **tendrement.** ……………………

3. Elles réalisent ce travail **rapidement.** ……………………

b. Précisez la circonstance exprimée. ……………………

★★ 11 **Récrivez les phrases en les complétant par un complément circonstanciel a. de moyen ; b. de manière.**

1. L'enfant progresse dans un château étrange.

a. ……………………

b. ……………………

2. Le monstre frappe le chevalier.

a. ……………………

b. ……………………

Je découvre

12 **Indiquez la classe grammaticale des compléments circonstanciels de but en gras.**

1. Les villes se végétalisent **pour obtenir un air meilleur.** ....

2. **Pour une circulation plus fluide**, il faut de larges voies. ....

Le complément circonstanciel de but

- Il exprime **le but, l'intention dans lesquels une action est accomplie.**
- Il est exprimé par :
  – un **nom**, un **groupe nominal** ou un **pronom précédé d'une préposition** : *pour, en vue de…* ;
  – **un verbe à infinitif précédé d'une préposition :** *pour, afin de* ;
  – **une proposition subordonnée circonstancielle** introduite par les conjonctions *pour que, afin que* (voir leçon 23).

Il répond à la question : ***pour quelle raison ?***

Écouter la leçon
hachette-clic.fr/22fl5c029

13 **a. Soulignez les compléments circonstanciels de but. b. Indiquez leur classe grammaticale.**

1. Elle propose un projet audacieux en vue d'une ville nouvelle. ....

2. Ces jeunes imaginent une maquette afin de construire un immeuble végétal. ....

3. Ils cherchent un financement pour réaliser une ville sous-marine. ....

4. Ils s'entraînent pour les Jeux olympiques. ....

14 **a. Soulignez les compléments circonstanciels. b. Précisez la circonstance exprimée par chacun d'eux.**

1. Vendredi passait des journées entières dans un hamac, pour se reposer. ....

2. Chaque jour, les oiseaux venaient se poser dans les arbres. ....

3. Il tirait sur eux avec sa sarbacane, et, le soir, il les faisait rôtir pour se nourrir. ....

....

4. Robinson, lui, avait commencé à se transformer complètement. ....

5. Dès le matin, parce que la forêt l'intéressait, Robinson marchait lentement entre les arbres.

....

15 **Récrivez chaque phrase en la complétant par un complément circonstanciel de but.**

1. L'explorateur quitte son pays. ....

....

2. Marco Polo parcourt la Chine. ....

....

3. Les aventurières préparent leur sac à dos. ....

....

16 **Je rédige**

Rédigez trois conseils que vous aimeriez donner à un(e) ami(e), en employant à chaque fois un complément circonstanciel de but que vous soulignerez.

....

....

....

Les fonctions

12 L'épithète

Écouter la leçon
hachette-clic.fr/22fl5c030

- **Un groupe nominal** peut être enrichi par une **épithète** (adjectif ou participe) **directement placée à côté du nom, avant ou après le nom**.
  *Les **jeunes** visiteurs écoutent un guide **passionnant**.*
  GN GN
- Une épithète peut être aussi une **proposition subordonnée relative** (voir leçon 21).
- Un groupe nominal peut comporter **plusieurs épithètes**.
  *Ce guide **passionnant** et **expérimenté** charme de **nombreux** touristes **étrangers**.*
- Les adjectifs et participes **épithètes s'accordent** en genre et en nombre avec le nom qu'ils caractérisent.
  *Ils organisent une **grande** fête **annuelle** et **appréciée** de tous.*

★ 1 Soulignez les épithètes qui caractérisent les noms en gras.

1. Des **bancs** confortables attendent les **personnes** âgées.
2. Un **vent** glacial secoue les **volets** disjoints.
3. Une petite **route** conduit à une forêt de **sapins** verts.
4. La curieuse **bâtisse** domine les **rives** abruptes du fleuve.

★★ 2 Dans les groupes nominaux, entourez le nom et soulignez les épithètes.

1. Par temps clair, nous verrions les étoiles filantes.
2. Une grosse lune argentée diffuse une légère clarté laiteuse.
3. La vieille maison délabrée est enveloppée d'une étrange brume blanche.
4. Les grands arbres rabougris sont tordus par un vent violent.

★★ 3 a. Complétez chaque groupe nominal en gras par une ou deux épithètes.

1. **L'équipe** .... **et** .... a joué de **façon** ....
2. Les joueurs vont jouer **un match** .... **et** ....
3. **Ce score** .... **et** .... marquera l'histoire du football.
4. **L'arbitre** .... prend une **décision** .... **et** ....

4 Je rédige

Faites le portait d'un personnage en employant au moins quatre groupes nominaux comportant une ou plusieurs épithètes que vous soulignerez.

....
....
....
....
....
....

Les fonctions

13 Le complément du nom

Écouter la leçon
hachette-clic.fr/22fl5c031

- Dans un groupe nominal, le complément du nom :
  → **complète un nom**, nommé « **nom noyau** » ;
  → est précédé d'une **préposition** : *à (au, aux), de (du, des), en, pour, sans, sur… : une salle* ***à manger****, la fête* ***du collège*** *;*
  → peut être :
  - un **nom** ou un **groupe nominal** : *la mère* ***de Léo****, la fille* ***de ma tante***
  - un **verbe à l'infinitif** : *une machine* ***à laver****, l'envie* ***de vivre une aventure***
  - un **pronom** : *la confiance* ***en lui***
  - un **adverbe** : *les récits* ***d'ailleurs***
- Un nom peut être complété par plusieurs compléments du nom.
  La voiture ***[de collection][de mon frère]***

1 Soulignez les compléments du nom.

1. Les vacances à la mer ont beaucoup plu à la famille.

2. Lundi dernier, les organisateurs ont proposé aux enfants des tartes aux fruits.

3. Elle a emprunté un vélo sans porte-bagages.

4. Cette façon de vivre nous convient parfaitement.

5. Léa a un sac en cuir.

2 Soulignez les groupes nominaux comportant plusieurs compléments du nom.

1. Les clients de l'an passé ont réservé une salle de restaurant avec vue sur la montagne.
2. Édouard a réalisé une marionnette en fil de fer. **3.** De chaque côté de la rue principale de la ville se trouvent des marchands d'art moderne. **4.** Une statue d'Apollon en bronze orne le jardin.

3 a. Entourez les compléments du nom. b. Indiquez leur classe grammaticale.

1. Les **veillées** d'autrefois se passaient au **coin** du feu. ………… / …………

2. Ce n'est pas le **moment** de rêver. …………

3. Avez-vous reçu une **photographie** d'elle ? …………

4. Avez-vous lu le **roman** de cet auteur ? …………

4 Récrivez ces groupes nominaux en remplaçant l'adjectif par un complément du nom.

1. un spectacle nocturne : …………

2. une odyssée spatiale : …………

3. une mort accidentelle : …………

4. un homme imprévoyant : …………

Je vérifie mes connaissances

Les fonctions

Complétez le schéma en proposant des exemples personnels.

LES CONSTITUANTS DE LA PHRASE

- GROUPE SUJET : *Luc*
- VERBE : *parle*
  - + COD ou COI : Complète le verbe et ne peut être supprimé.
  - + ATTRIBUT DU SUJET : Exprime une qualité du sujet au moyen des verbes *être, sembler, paraître…*
- COMPLÉMENT CIRCONSTANCIEL : *en classe.*

Luc { *sait sa leçon.* / *parle à Pierre.* — *semble heureux* } *en classe.*

……………………………………………………………………………

FONCTIONS DANS LE GROUPE NOMINAL

ÉPITHÈTE

– Adjectif, participe caractérisant un nom.
un enfant joyeux

……………………………………………

– Proposition subordonnée relative.
un élève qui fait un exposé

COMPLÉMENT DU NOM

Mot ou groupe de mots précisant le nom et introduit par une préposition.
un élève de la classe

……………………………………………

Je teste mes connaissances sur les fonctions

Exercices interactifs
hachette-clic.fr/22fl5c032

Entraînez-vous sur les fonctions grâce à des exercices interactifs.

Je développe mes compétences

Méthode 2

Enrichir un récit

Pour enrichir un récit, on peut :

- insérer une **description** en **développant les groupes nominaux** avec des adjectifs, des groupes nominaux compléments du nom, des propositions subordonnées relatives (voir leçon 21) ;
- insérer des **compléments circonstanciels** exprimant le temps, le lieu, la cause, la manière, le moyen, le but ;
- employer un **vocabulaire** plus **précis** ou plus **soutenu** (*le petit bateau, le canot, le frêle esquif*).

1 **Soulignez : a. En bleu, les enrichissements des noms en gras ; b. en vert, les compléments circonstanciels.**

Le soleil n'est pas encore levé sur le fleuve. Par la **porte** étroite de la maison, Juba regarde les **eaux** lisses qui miroitent déjà, du **côté** des champs gris. Il se redresse sur sa couche, rejette le **drap** qui l'enveloppe.

D'après Jean-Marie Gustave Le Clézio, « La Roue d'eau », *Mondo et autres histoires*, © Gallimard, 1978.

J'évalue mes connaissances et mes compétences Évaluation 2

Le garçon galope par la forêt. Il en arrive dans une plaine où coule une rivière large plus que d'un jet d'arbalète[1]. Par là il se dirige, traversant une prairie mais dans l'eau il n'entre pas car il la reconnaît trop sombre et trop profonde et d'un courant plus rapide que courant de Loire. Il longe la rive et de l'autre côté aperçoit une colline baignée par la rivière et portant un château très riche et très fort dont les tours semblent naître du roc lui-même. Une haute et forte tour s'élève au milieu du château et il voit une barbacane[2] commandant l'estuaire où les flots de la rivière se jettent en combattant dans ceux de la mer. Aux quatre coins de la muraille construite de gros blocs de pierre se dressent quatre tours basses mais de belle allure. C'est un beau château, bien planté et bien disposé en dedans. Devant un châtelet rond un pont de pierre enjambe la rivière, maçonné à chaux et à sable[3]. Au milieu du pont encore une tour d'où se détache un pont-levis agencé de telle sorte qu'il est un pont le jour et la nuit, porte close.

Le garçon vers le pont chevauche.

Chrétien de Troyes, *Perceval ou le roman de Graal*,
trad. Jean-Pierre Foucher et André Ortais,
© Gallimard, coll. « Folio Junior » 2002.

1. sorte d'arc très puissant. 2. bâtiment percé de meurtrières et destiné à renforcer les défenses d'une porte. 3. construit avec de la chaux et du sable.

Lecture et langue

1. L. 1 à 10 : a. Soulignez les groupes nominaux qui présentent les différents éléments du paysage.
b. Quel type de paysage le texte décrit-il ? ....

....

2. a. Relevez les expansions du nom « château » (l. 9) et donnez leur nature et leur fonction.

....

....

b. Quelle impression ce château dégage-t-il ?

....

3. L. 10 à 22 : a. Relevez les compléments circonstanciels de lieu en lien avec la description du château.

....

....

b. Quel rôle ces compléments jouent-ils ? ....

....

4. L. 22, quelle est la fonction des groupes nominaux :

a. en bleu ? ....

b. en vert ? ....

c. À quoi un pont-levis sert-il ? ....

....

Écriture

Imaginez la suite du texte en enrichissant le récit.

Reportez-vous à la Méthode 2 (p. 34) pour construire votre récit.

La phrase simple et ses constituants

Écouter la leçon
hachette-clic.fr/22fl5c033

- **Une phrase simple** peut être :
  – le plus souvent, une **phrase verbale,** organisée autour d'un **verbe conjugué.** *Le roi **lance** le combat.*
  – une phrase **non verbale**, organisée autour :
    • d'un **nom** ou d'un **groupe nominal**. ***Silence. Défense** d'entrer ;*
    • d'un **verbe à l'infinitif** (*Ne pas **parler***), d'une **interjection** (***Stop !***), d'une **onomatopée** (***Vlan !***).
- Une phrase peut avoir :
  – une **forme négative** (voir leçon 17) : *Il n'aime pas les romans.*
  – une **forme exclamative** (voir leçon 17) : *J'adore ce roman ! Lis donc !*
- **Les trois types de phrases**

La phrase déclarative	– terminée par un point et une intonation descendante – livre une information	*Il lit un roman.*
La phrase impérative	– terminée par un point ou un point d'exclamation – exprime un ordre, un conseil, une interdiction	*Lis ce roman.*
La phrase interrogative (voir leçon 16)	– terminée par un point d'interrogation et une intonation montante – pose une question	*Connais-tu ce roman ?*

★ 1 Transformez ces phrases, en faisant du nom en gras le sujet d'une phrase verbale.

1. **Frayeur** chez les vulcanologues. ....

2. Débarquement de **Jean de Léry** au Brésil. ....

3. Menace d'**inondation** dans la région. ....

★★ 2 Transformez ces phrases en phrases nominales.

1. On proclame les résultats du concours. ....

2. Le train arrivera prochainement en gare. ....

3. Les voiliers paradent dans la baie. ....

★★★ 3 a. Récrivez les phrases impératives en phrases déclaratives et inversement.

1. Tu prépares soigneusement ton expédition. ....

2. Lisez des romans de Daniel Defoe ! ....

3. Nous suivrons les traces de Marco Polo. ....

4. Pars à l'aventure. ....

b. Transformez une des phrases en une phrase interrogative.

....

....

c. Transformez une des phrases en une phrase de forme exclamative.

....

....

Écouter la leçon
hachette-clic.fr/22fl5c034

La phrase simple :

- a un **sens** ;
- commence par une **majuscule**, se termine par un **point**, un **point d'interrogation** ou **d'exclamation** ;
- s'organise généralement autour d'**un verbe conjugué**. *Le héros **découvre** de nouvelles terres* ;
- est composée d'**éléments essentiels** :
  groupe sujet + **groupe verbal (verbe)** *La fillette chante.*
  groupe sujet + **groupe verbal** (**verbe** + **COD/ COI**) *La fillette chante une chanson.*
  groupe sujet + **groupe verbal** (**verbe *être*** + **attribut du sujet**) *La fillette est heureuse.*
- peut comporter un ou plusieurs **compléments circonstanciels**, qui peuvent être **supprimés** et, généralement, **déplacés**. ***Dans cette aventure**, le héros découvre de nouvelles terres.*
  *Le héros découvre de nouvelles terres **dans cette aventure**.*

4 a. **Rayez les phrases incorrectes.** b. **Récrivez-les en les corrigeant.**

1. le chat lappe un bol de lait. ……………………………………………
2. Le chien traverse la rue. ……………………………………………
3. La forêt parcourt le cerf. ……………………………………………
4. La poule. des grains picore. ……………………………………………

5 **Écrivez des phrases simples à partir de ces groupes sujets en ajoutant un verbe et des compléments ou attributs du sujet.**

1. Les récits de voyage ……………………………………………
2. Le navigateur ……………………………………………
3. Les dangers vécus en montagne ……………………………………………

6 **Récrivez les phrases en ne gardant que les éléments essentiels.**

1. Lors de la fête, les chevaliers écoutent le roi. ……………………………………………
……………………………………………
2. Le chevalier, avec enthousiasme, raconte ses exploits. ……………………………………………
……………………………………………
3. Le traître a inventé une ruse pour nuire à Lancelot. ……………………………………………
……………………………………………

7 a. **Corrigez ce texte en rétablissant ses cinq phrases simples.**

les marins transportaient des caisses ils obéissaient aux ordres une voix forte annonça une terre en vue le capitaine félicita le mousse de guet les hommes d'équipage montraient leur joie

……………………………………………
……………………………………………
……………………………………………

b. **Enrichissez chaque phrase du texte avec des compléments circonstanciels que vous soulignerez.**

……………………………………………
……………………………………………
……………………………………………

La ponctuation

Écouter la leçon
hachette-clic.fr/22fl5c035

Les différents signes de ponctuation

La ponctuation forte marque la fin des phrases.

- **Le point (.)**
  – termine les phrases déclaratives (voir leçon 14)
  – intonation descendante à l'oral : *Le chevalier se rend à la cour du roi.*

- **Le point d'interrogation (?)**
  – termine les phrases interrogatives ; il indique une question (voir leçons 14 et 16)
  – intonation montante à l'oral : *Le chevalier se rend-il à la cour du roi ?*

- **Le point d'exclamation (!)**
  – termine les phrases exclamatives : il traduit un sentiment fort (voir leçon 17)
  – intonation montante à l'oral : *Le monstre est définitivement vaincu par le chevalier !*

La ponctuation faible marque des pauses à l'intérieur des phrases.

- **La virgule (,)**
  – est obligatoire pour :
  • énumérer des mots ou des groupes de mots :
  Le seigneur organise une chasse, un tournoi, une fête.
  • juxtaposer des propositions : *Il s'avance, tend son arc et tire.*
  – est facultative pour détacher les compléments circonstanciels :
  Le matin, il part à la chasse.

- **Le point-virgule (;)**
  sépare des propositions juxtaposées : *Le chevalier s'avance ; le cheval hennit.*

- **Les deux-points (:)**
  introduisent :
  • une énumération : *Le chevalier protège les faibles : les vieillards, les femmes, les enfants.*
  • une explication : *Le chevalier est brave : il protège les faibles.*
  • un dialogue

Pour un dialogue dans un récit, on utilise
- les **deux points** (:) qui introduisent le dialogue
- les **guillemets**, qui ouvrent («) et ferment (») le dialogue
- des **tirets** (–) pour changer d'interlocuteur
- la **virgule** (,) pour séparer le dialogue du récit.

L'enfant demanda :
« Quand le cirque viendra-t-il ?
– Demain », répondit sa mère.

★ 1 a. **Lisez le texte à voix haute en marquant les pauses : combien de phrases comptez-vous ?** ....
b. **Recopiez le texte en rétablissant les signes de ponctuation forte et les majuscules.**

Shahryar était un roi aimé de ses sujets trompé par sa femme, il devint un tyran détesté il épousait en effet une jeune fille différente chaque soir, et la faisait exécuter à l'aube

Jacques Cassabois, *Contes des Mille et Une Nuits*, © Le Livre de Poche Jeunesse, 2016.

....

....

....

★ 2 **Complétez chaque couple de phrases avec le signe de ponctuation forte adapté.**

1. Quel est son point de vue ..... Je ne connais pas son point de vue ..... **2.** Quelle drôle d'idée ..... Quelle est ton idée ..... **3.** Tu devrais te dépêcher ..... Dépêche-toi .....

★ 3 **Rétablissez les virgules et les deux-points manquants.**

Au Moyen Âge apparaissent des métiers nécessaires à la vie quotidienne boulangers épiciers bouchers taverniers forgerons tanneurs qui fabriquent des cuirs tisserands et drapiers.

★ 4 **Insérez les points-virgules manquants du texte.**

Celui qui avait pour charge de défendre le gué fut le premier à porter un coup à son adversaire il le frappa avec une violence telle que sa lance vola en éclats. Ce dernier riposte avec vigueur il l'envoie valser les quatre fers en l'air au milieu du gué.

D'après Chrétien de Troyes, *Lancelot ou le Chevalier à la charrette*, XIIe s.

★★ 5 **Recopiez le texte en le ponctuant correctement et en rétablissant les majuscules nécessaires.**

les emprunts directs au grec commencent à être plus fréquents au XVIe siècle ils concernent la langue des sciences *archipel énergie sphère hygiène trapèze* plutôt que celle de la littérature *théâtre comédie* et *tragédie* avaient déjà pénétré en français par l'intermédiaire du latin

D'après Henriette Walter, *L'Aventure des mots français venus d'ailleurs*, 1998.

....

....

....

....

★★ 6 **Rétablissez les signes de ponctuation du dialogue, puis lisez le texte à voix haute.**

Un des chevaliers s'approche de Perceval. Il cherche à le rassurer

N'aie pas peur, jeune homme, tu n'as aucune raison d'être effrayé. Ni mes compagnons ni moi n'avons l'intention de te faire le moindre mal.

Je n'ai nulle peur répond Perceval. Mais, dites-moi, n'êtes-vous pas des anges envoyés par notre Seigneur ?

Non répond le chevalier en souriant. Je ne suis qu'un chevalier.

D'après Chrétien de Troyes, *Perceval ou le Conte du Graal*, XIIe s.

7 Je rédige

Poursuivez le récit de l'exercice 6 en y insérant trois répliques de dialogue.

Relisez-vous en vérifiant la ponctuation.

La phrase simple

16 La phrase de type interrogatif

Écouter la leçon
hachette-clic.fr/22fl5c036

- **La phrase de type interrogatif** pose une **question**, se termine par un **point d'interrogation** et a une **intonation montante** : *Sais-tu nager ?*
- L'interrogation peut porter sur :
  – l'ensemble de la phrase (**interrogation totale**) : la réponse attendue est « oui, non, si » ;
  – un élément de la phrase (**interrogation partielle**).
- **Les mots et constructions de l'interrogation totale** diffèrent selon le niveau de langue.

Pensez à mettre un -*t*- à la 3e personne du singulier après les verbes terminés par une voyelle, pour une raison de prononciation : *A-t-il appris sa leçon ?*

familier	**point d'interrogation** et **intonation montante**	*Tu sais naviguer ?*
courant	emploi de **est-ce que… ?**	***Est-ce que** tu sais naviguer ?*
soutenu	Si le sujet est : – un pronom personnel → **inversion du sujet** – un nom ou un groupe nominal → **reprise du sujet par un pronom personnel à la 3e personne**	*Sais-**tu** naviguer ?* ***Théo** sait-**il** nager ?* ***Théo** aime-t-**il** naviguer ?*

✱ 1 – D'où viens-tu, Jun ?
– D'un minuscule coin dans l'immense banlieue de Tokyo.
– Où habitais-tu ?
– Un appartement en haut d'une tour.
– As-tu été heureux dans ton enfance ?
– L'enfance, c'est le bonheur, non ? Faudrait pas en sortir.

Éric-Emmanuel Schmitt, *Le Sumo qui ne pouvait pas grossir*, © Albin Michel, 2009.

a. Lisez le texte à voix haute : combien de phrases de type interrogatif repérez-vous ? ....

b. Quel est leur signe de ponctuation distinctif ? ....

c. Entourez les sujets des verbes dans les phrases de type interrogatif.

d. Soulignez les mots ou groupes de mots interrogatifs.

e. Placez entre crochets la phrase qui appelle une réponse par « oui » ou par « non ».

✱ 2 Indiquez pour chaque interrogation si elle est de niveau familier F, courant C ou soutenu S.

1. Est-ce que les Tartares sont des nomades ? (......) **2.** Pourquoi quittent-ils l'Arménie en hiver ? (......) **3.** L'Arménie a vraiment de grandes montagnes ? (......) **4.** Le calife de Baudac possédait des perles ? (......) **5.** Est-ce que le calife fut puni de son avarice ? (......)

✱✱ 3 Récrivez ces phrases familières en employant : a. le niveau courant ; b. le niveau soutenu.

1. Marco Polo était italien ? **a.** .... **b.** ....

2. Il raconte un voyage réel ? **a.** .... **b.** ....

3. Il a vu l'empereur ? **a.** .... **b.** ....

Écouter la leçon
hachette-clic.fr/22fl5c037

Les mots interrogatifs

Les pronoms

- sujet : **qui**, **qu'est-ce qui ?**
  Qui *vient ?*
  Qu'est-ce qui *t'intéresse ?*
- COD : **qui**, **que**, **qu'est-ce que**, **lequel ?**
  Qui *vois-tu ?* ***Qu'est-ce que*** *tu vois ?* ***Lequel*** *vois-tu ?*
- COI : **quoi**, **auquel**, **duquel ?**
  À ***quoi*** *rêves-tu ?* ***Auquel*** *penses-tu ?* ***Duquel*** *parles-tu ?*

Les adverbes

- manière : **comment ?**
  Comment *fait-il cela ?*
- cause : **pourquoi ?**
  Pourquoi *fait-il cela ?*
- lieu : **où ?**
  Où *es-tu ?*
- temps : **quand ?**
  Quand *viens-tu ?*

Le déterminant

- **quel** (**quelle**, **quels**, **quelles**) **?**
  Quel *nom préfères-tu ?*

4 **a. Entourez chaque mot interrogatif. b. Indiquez sa classe grammaticale et sa fonction.**

1. Que pensait Molière au sujet des médecins ? .... / ....
2. Comment Argan se portait-il ? .... / ....
3. Qui est Argan ? .... / ....
4. Pourquoi Molière n'aimait-il pas les médecins ? .... / ....
5. Quelle pièce de Molière préfères-tu ? ....

5 **Pour chaque question de Toinette : a. soulignez le mot interrogatif s'il y en a un ; b. indiquez s'il s'agit d'une interrogation totale ou partielle ; c. indiquez le niveau de langue.**

1. Qui est votre médecin ? **b.** .... **c.** ....
2. Que sentez-vous ? **b.** .... **c.** ....
3. Vous aimez boire du vin ? **b.** .... **c.** ....

D'après Molière, *Le Malade imaginaire*, 1673.

6 **Récrivez dans un niveau soutenu les interrogations courantes et familières de l'exercice 2.**

1. ....
2. ....
3. ....
4. ....

7 **Posez une question qui porte sur l'élément en gras dans chaque phrase-réponse.**

1. **La Fontaine** a écrit cette fable. ....
2. Cette fable dénonce **l'avarice**. ....
3. Le voleur se comporte **avec malhonnêteté**. ....
4. Les comédies font rire **car elles se moquent de nos défauts**. ....

La phrase simple

17 La phrase à la forme négative – La phrase à la forme exclamative

La phrase à la forme négative

Écouter la leçon
hachette-clic.fr/22fl5c038

La place de la négation

- Dans la **phrase à la forme négative**, la négation se compose de **deux éléments qui encadrent le verbe** : ***ne… pas***, ***ne… plus***, ***ne… jamais***, ***ne… que***, ***ne… guère***.
- Si le verbe est conjugué à un **temps composé**, la négation encadre l'auxiliaire.
  *Il **n'**était **pas** venu. Il **n'**a **pas** parlé.*
- La négation se place avant le mot qu'elle modifie :
  – dans une phrase nominale : ***Pas** de bruit, s'il vous plaît.*
  – avec un verbe à l'infinitif : ***Ne pas** faire de bruit. Pensez à **ne pas** faire de bruit.*

Devant une voyelle, « ne » devient « n' »

1 a. Soulignez les négations. b. Indiquez le numéro de la phrase qui n'est pas négative : phrase ……

1. Elle n'a rencontré personne. **2.** Une personne est entrée. **3.** Son intervention ne plaît guère.
4. On n'a jamais entendu cette chanson. **5.** Elle n'arrive pas à grimper. **6.** Pas moyen de partir.

2 Récrivez ces phrases au passé composé.

1. Le navire ne résiste pas à la tempête. ……
2. Le marin ne maintient plus le cap. ……
3. Il n'apprécie guère les ordres. ……

Les mots de la négation et leurs sens

Écouter la leçon
hachette-clic.fr/22fl5c039

- L'**intensité de la négation** peut être plus ou moins forte : ***ne… pas***, ***ne… pas du tout***.
  *Cette robe **ne** me plaît **pas**. Elle **ne** me plaît **pas du tout**.*
- ***ne… que*** est l'équivalent de *seulement* dans une phrase affirmative.
  *Il **n'**a **que** dix centimes en poche.* (= Il a seulement dix centimes en poche.)
- Les mots de la négation varient selon le niveau de langue : *Le suzerain **ne** parlait **point**.*
- ***Ni***, dans une phrase à la forme négative, est l'équivalent de ***et ne*** : *Il **ne** pleure **ni** ne crie.*
- Les négations expriment **diverses nuances** et entraînent des **modifications de la phrase affirmative**.

	Phrase affirmative	Phrase négative	Exemples
Quantité	quelque chose, tout	ne… rien rien ne	*Il **ne** voit **rien**.* ***Rien ne** le touche.*
	beaucoup	ne… pas beaucoup ne… guère	*Il **ne** me plaît **pas beaucoup**.* *Il **ne** …… **guère**.*
	quelqu'un	ne… personne personne ne	*Il **ne** …… **personne**.* ……
	tous	ne… aucun aucun… ne	*Je **ne** …… **aucun** ……*. ***Aucun** …… **ne** ……*.

Écouter la leçon
hachette-clic.fr/22fl5c040

	Phrase affirmative	Phrase négative	Exemples
Temps	déjà	ne… pas encore	*Il **ne** fait **pas encore** jour.*
	encore	ne… plus	*Il **ne** .... **plus**.*
	toujours	ne… jamais	*Il **ne** pleut **jamais**.*
Lieu	quelque part, partout	ne… nulle part	*Il **ne** .... **nulle part**.*

3 **Complétez les exemples du tableau de la leçon, sur le modèle des trois premiers.**

4 **Transformez ces phrases affirmatives en phrases négatives en supprimant les éléments en gras. Faites les modifications nécessaires.**

1. Il a **toujours** tort. .... **2.** La neige a fondu **partout**. ....

.... **3.** Cette expédition a **déjà** été racontée. ....

.... **4.** De sa cabane, il voit **et** entend **tout**. ....

La phrase à la forme exclamative

Écouter la leçon
hachette-clic.fr/22fl5c041

- Une phrase à la **forme exclamative** exprime un sentiment avec expressivité.
- Elle se termine par un point d'exclamation (!).
- Elle se combine avec les phrases déclaratives et impératives.
Tu as raison ! Parle doucement !
- Elle peut se mettre à la forme négative.
Tu n'as pas raison !

5 **a. Soulignez les phrases exclamatives. b. Lisez le texte avec expressivité.**

HARPAGON. *Il crie au voleur dès le jardin, et vient sans chapeau.* – Au voleur ! au voleur ! à l'assassin ! au meurtrier ! Justice, juste ciel ! Je suis perdu, je suis assassiné ! On m'a coupé la gorge, on m'a dérobé mon argent ! Qui peut-ce être ? Qu'est-il devenu ? où est-il ? où se cache-t-il ? Que ferai-je pour le trouver ? Où courir ? où ne pas courir ? N'est-il point là ? n'est-il point ici ? Qui est-ce ? Arrête ! (*Il se prend lui-même le bras.*) Rends-moi mon argent, coquin !

Molière, *L'Avare*, IV, 7.

6 **Récrivez les phrases affirmatives suivantes en employant des négations et la forme exclamative.**

1. Quelle fut sa surprise aujourd'hui ! ....

2. Avancez encore. ....

3. Tout le monde a entendu parler de cette île. ....

4. Il sait tout sur les îles Galápagos. ....

5. Il fait beau partout. ....

7 Je rédige **Décrivez un plat qui vous déplaît en employant des phrases à la forme négative et à la forme exclamative.**

....

....

La phrase simple

18 La phrase à la forme passive

Je découvre

1 **a. Soulignez les groupes sujets.**

A. Gauvain remporte le tournoi. B. Le tournoi est remporté par Gauvain.

b. Quel est le COD dans la phrase A ? ....

c. Que devient ce COD dans la phrase B ? ....

d. Que devient le sujet de la phrase A dans la phrase B ?

....

Écouter la leçon
hachette-clic.fr/22fl5c042

- La construction d'une **phrase à la forme passive** est :

sujet + **verbe à la voix passive** + **préposition *par* ou *de*** + **complément d'agent**
Le chevalier *est blessé* *par* *le dragon.*

- Le **sujet de la phrase passive** correspond au COD de la phrase active.
- Le **verbe de la phrase passive** se forme avec l'**auxiliaire *être*** et le **participe passé** (voir leçon 25).
- Le **complément d'agent** à la voix passive correspond au sujet de la phrase active.

Le chevalier est tué ***par le dragon.***
sujet — complément d'agent

Le dragon *tue le chevalier.*
sujet — COD

- Dans une phrase à la forme passive, **le complément d'agent**
– est généralement un **nom** ou un **groupe nominal**, plus rarement un **pronom**.
Il est aimé par Perceval. Il est aimé de ses vassaux. Il est aimé de tous.
– peut **ne pas être exprimé** : *Le chevalier a été tué.*
La phrase passive permet ainsi l'effacement de celui qui fait l'action (on ne peut ou ne veut pas le nommer).

2 **Rédigez des phrases passives en transformant les COD (soulignés) en sujets et les sujets (encadrés) en compléments d'agent.**

1. Les ennemis assaillent le château. → ....
2. Les rats envahissent le donjon. → ....
3. Le fauconnier dresse le faucon. → ....
4. Le seigneur accueille le jongleur. → ....
5. Le roi annonce un grand tournoi. → ....

3 **a. Dans ces phrases actives, soulignez les COD, encadrez les sujets. b. Transformez ces phrases en phrases passives et soulignez les compléments d'agent.**

1. Le félon emprisonne la jeune fille. ....
2. Yvain délivre les jeunes filles. ....

3. Le lion effraie les valets. ....

4. Un géant cause ce grand dommage. ....

4 Transformez ces phrases actives en phrases à la forme passive.

Pensez à accorder les participes passés avec le sujet !

1. Des blasons ornaient les écus. ....

2. Les valets enfermèrent le lion. ....

3. L'épée n'ébrécha pas les murailles. ....

4. Le lion effrayait les félons. ....

5 a. Récrivez ces phrases à la forme passive.

Attention au choix des temps et aux accords des participes passés !

1. On diffuse les nouvelles. ....

2. Quelqu'un blesse Tristan. ....

3. On reporta le tournoi. ....

4. On déclara la guerre. ....

b. Ces phrases comportent-elles un complément d'agent ? OUI ☐ NON ☐

Pourquoi ? ....

6 a. Entourez les verbes à la voix passive et soulignez leurs sujets.
b. Soulignez de deux traits les compléments d'agent.

L'armée de Charles fut battue deux fois par l'ennemi. Au choc des deux armées, elle fut mise en déroute et tous furent tués ou s'enfuirent. Et le duc de Bourgogne mourut sur le champ de bataille. Sa mort me fut racontée par les hommes qui le virent tomber de cheval.

D'après Philippe de Commynes, *Mémoires*, XVe siècle.

7 Récrivez les phrases passives que vous avez formées dans l'exercice 3 en respectant les temps de l'indicatif indiqués ci-dessous.

1. Imparfait → ....

2. Passé simple → ....

3. Futur simple → ....

4. Passé simple → ....

8 Je rédige

Décrivez un plat qui vous déplaît en employant des phrases à la forme négative et à la forme exclamative.

....

....

....

....

Je teste mes connaissances sur la phrase simple

Exercices interactifs
hachette-clic.fr/22fl5c043

Entraînez-vous sur la phrase simple grâce à des exercices interactifs.

19 La phrase complexe : propositions juxtaposées et coordonnées

Écouter la leçon
hachette-clic.fr/22fl5c044

- Une **proposition** s'organise **autour d'un verbe conjugué**. Elle comporte : un **groupe sujet** + un **verbe conjugué** + (un ou plusieurs **compléments**) : *L'enfant appela son père.*
- Une **phrase complexe** comporte **plusieurs propositions. Dans une phrase complexe**, il y a **autant de propositions** que de **verbes conjugués**.
[L'enfant ***appela*** *son père] mais [celui-ci ne l'****entendit*** *pas].* (Deux verbes conjugués → deux propositions)

★ 1 **a. Soulignez les verbes : combien y en a-t-il dans chaque proposition entre crochets ?** ....

[Le chevalier lance son cheval vers son adversaire] ; [il ne l'évite pas], mais [il le désarçonne sans la moindre difficulté].

D'après Heinrich der Glichesaere, *Le Roman de Renart*, XIIIe s.

b. Combien la phrase comporte-t-elle de verbes ? .... **de propositions ?** ....

c. Entourez le point-virgule et la conjonction de coordination.

d. À quoi ces deux éléments servent-ils ? ....

★★ 2 **a. Soulignez les verbes conjugués. b. Délimitez les propositions par des crochets.**

1. Le paysan découvre dans une ornière un piège : un braconnier l'y avait déposé.

2. Ce paysan est malin et il sait déjouer les pièges ; le braconnier ne perd rien pour attendre, car il passera bientôt un mauvais quart d'heure.

3. « Loïc, vous êtes un filou, vous ne respectez pas la propriété d'autrui et vous me portez tort. »

4. Le braconnier est pris au piège ; il devra répondre de ses actes ; et il sera puni.

★★ 3 **a. Soulignez les verbes conjugués. b. Barrez la (ou les) phrase(s) simple(s). c. Délimitez avec des crochets les propositions des phrases complexes.**

1. Loïc se défend énergiquement contre les accusations du paysan : il clame son innocence.

2. Deux gros chiens surgissent : ils aperçoivent le braconnier, aboient furieusement ; aussitôt le braconnier prend peur. Il prend la fuite le long du sentier en direction de la forêt.

3. Depuis, les villageois peuvent être tranquilles : leurs terres ne seront plus pillées.

Écouter la leçon
hachette-clic.fr/22fl5c045

- Une **phrase complexe** peut être composée de :
→ **propositions juxtaposées**, c'est-à-dire séparées par une **virgule**, un **point-virgule** ou **deux-points**.
[Frocin accourt], [il insulte Tristan] : [c'est son ennemi de toujours].
→ **propositions coordonnées** par :
– des **conjonctions de coordination** : ***mais, ou, et, donc, or, ni, car***
– des **adverbes** : ***puis, cependant…***
[Frocin accourt], ***puis*** *[il insulte Tristan]* ***car*** *[c'est son ennemi de toujours].*

★ 4 Composez cinq phrases complexes en associant chaque proposition de la liste A à une proposition de la liste B.

A	B
Le renard sourit •	• ou se moque des gens.
Le renard s'est couché •	• ni ne reprend son souffle.
Le renard a une belle fourrure, •	• et il mime un mort.
Le renard joue des tours •	• car sa ruse a réussi.
Le renard ne ménage pas sa peine •	• les marchands en tireront donc un bon prix.

★★ 5 Transformez ces couples de phrases simples en phrases complexes en employant : a. la juxtaposition ; b. la coordination.

1. Le cavalier éperonne son cheval. Il s'en va au grand trot.

a. ....

b. ....

2. Il ne salue personne. Au fond de lui, il méprise tout le monde.

a. ....

b. ....

3. Il s'entraîne beaucoup. Il ne progresse pas.

a. ....

b. ....

★★ 6 a. Soulignez les verbes conjugués. b. Délimitez les propositions avec des crochets. c. Entourez la conjonction de coordination quand il y en a une.

La maison était remplie de victuailles : le poulailler regorgeait de poules. Le jardin était clôturé et de gros pieux maintenaient la palissade d'aubépines. Le maître avait enfermé les poules car il craignait le renard.

7 Je rédige **À partir des vignettes, rédigez un petit texte au présent de l'indicatif en employant trois phrases complexes qui comportent des propositions juxtaposées et/ou coordonnées.**

Soulignez les verbes dans les trois phrases complexes.

....

....

....

....

La phrase complexe

20 Le discours direct

Je découvre

1 À mon entrée dans son école, Shomintsu m'offrit un thé puis demanda à contacter mes parents.

« Je n'en ai pas, répondis-je.

– Jun, reprit-il, je n'ai pas le droit de te loger ici. Tu es mineur. J'ai besoin de leur accord pour te recevoir dans mon centre.

– Je n'ai pas de parents, insistai-je.

– Es-tu né d'un chou ou d'une rose ? demanda-t-il.

– Je suis né d'un homme et d'une femme mais ils ne sont plus de ce monde. Ils sont morts. »

D'après Éric-Emmanuel Schmitt, *Le Sumo qui ne pouvait pas grossir*, © Albin Michel, 2009.

a. Entourez les signes de ponctuation qui marquent le début et la fin du dialogue.

b. Quel signe de ponctuation et quelle disposition sur la page indiquent le changement d'interlocuteur ?

....

c. Encadrez les cinq verbes qui, dans le récit, servent à rapporter les paroles.

Écouter la leçon
hachette-clic.fr/22fl5c046

- On peut **rapporter directement les paroles** prononcées par des personnes ou des personnages : c'est le **discours direct**. Ces paroles rapportées **imitent l'oral** (tournures familières, hésitations…). En littérature, on le trouve au **théâtre** et **inséré dans des passages de récit**.
- Les **verbes** du discours direct sont majoritairement conjugués :
  - aux **1re** et **2e** personnes ;
  - à l'**indicatif (présent, passé composé ou futur)** et à l'**impératif**.
- On trouve dans les paroles rapportées directement les **trois types de phrase** (voir leçons 14 et 16) et des **phrases à la forme exclamative** (voir leçon 17).
- Pour insérer le discours direct dans un récit, on utilise une ponctuation particulière (voir leçon 15).

2 **a. Dans le passage de dialogue du texte de l'exercice 1, soulignez les verbes et leurs sujets.**

b. Quelles sont les personnes dominantes dans ce dialogue ? ....

c. Quel est le temps dominant dans le dialogue ? ....

3 **Relevez dans le texte de l'exercice 1 :**

a. deux phrases déclaratives : ....

....

b. une phrase interrogative : ....

c. deux phrases à la forme négative : ....

....

4 a. Lisez à voix haute le passage suivant qui met en scène trois aveugles et un patron d'auberge.

« **Nous avons une pièce d'or, patron. Pouvez-vous nous la peser exactement et nous rendre la monnaie ? Volontiers, mes amis.** Qui est-ce qui l'a ? Toi, Robert ? Non. C'est donc Barbe-fleurie ? Eh non, ça doit être toi. Pas du tout. C'est toi alors ? »

D'après *Les Trois Aveugles de Compiègne*, fabliau, XIIIe s.

....

....

....

....

....

....

....

....

....

b. Qui dialogue avec qui dans le passage en gras ? Soulignez les mots qui vous permettent de répondre.

....

c. Qui dialogue dans le passage en maigre ? ....

....

d. Recopiez le texte en rétablissant les sept répliques du dialogue, puis lisez-le à voix haute.

5 Rétablissez la ponctuation du dialogue.

Nicolas aperçut, au-delà d'un immense bassin, un bouquet de robes fleuries.

.... Tiens, tiens .... murmura-t-il en plissant les yeux.

.... Qu'y a-t-il ? s'enquit Jocelyn.

.... Viens, allons croiser le chemin de ces belles dames. Surtout ne les regarde pas. ....

Arthur Ténor, *Jeux de surprises à la cour du Roi-Soleil*, © Éditions Gallimard Jeunesse, 2001.

6 Récrivez ce texte en reconstituant le dialogue avec la ponctuation adaptée.

Les messagers saluent le paysan au nom du roi, et lui disent aussitôt Venez vite parler au roi. Et pour quoi faire ? répondit le vilain. À cause de votre grande science. Il n'y a pas sur terre un médecin qui vous vaille. Quand il s'entend nommer médecin, il répond qu'il n'a aucune connaissance en médecine.

D'après *Le Paysan devenu médecin*, fabliau.

....

....

....

....

....

....

....

....

21

La phrase complexe

La proposition subordonnée relative

Je découvre

★ 1 A. Le puissant chevalier [qui emprunte le pont-levis] s'appelle Lancelot.

B. Le personnage [auquel tu penses] est Yvain.

a. Lisez les phrases A et B en supprimant les propositions entre crochets : les phrases restent-elles correctes et compréhensibles ? OUI ☐ NON ☐

b. Entourez en bleu le nom complété par chaque proposition entre crochets : où est-il placé par rapport à la proposition ? ....

c. Entourez en vert le mot qui introduit chaque proposition entre crochets : quelle est la classe grammaticale de ces mots ? ....

Écouter la leçon
hachette-clic.fr/22fl5c047

- Une **proposition subordonnée relative** fait partie d'un groupe nominal. Elle est **épithète d'un nom ou d'un pronom** toujours placé avant elle (nommé « **antécédent** »).
*Je croise un vieil **homme** [qui avance péniblement].*
- Une **proposition subordonnée relative** est **introduite par un pronom relatif simple** ou **composé** (voir leçon 5) et elle **comporte** un **verbe conjugué**.
*Je connais le chevalier [à **qui** il parle]. Je connais le chevalier [**auquel** il parle].*

★ 2 **Entourez : a. en bleu les noms complétés ; b. en vert les pronoms relatifs. c. Soulignez les groupes nominaux dont font partie les propositions subordonnées relatives entre crochets. d. Donnez la fonction de chaque proposition subordonnée relative.**

1. Je lui offre un cadeau surprenant [qui lui fera plaisir]. ....
2. Robinson parle à un jeune Indien [qu'il appellera Vendredi]. ....
3. Tu visites la célèbre île des Caraïbes [sur laquelle a vécu un pirate]. ....

★ 3 **Placez entre crochets les propositions subordonnées relatives.**

1. Le loup **qui** est tenaillé par la faim guette le passage des moutons.
2. Le fermier **qui** a été attaqué plusieurs fois se tient sur ses gardes.
3. Arthur invite un chevalier **qu**'il apprécie beaucoup au prochain tournoi.

★★ 4 **a. Entourez en vert les pronoms relatifs. b. Placez entre crochets les propositions subordonnées relatives. c. Soulignez les GN dont font partie les propositions subordonnées relatives.**

1. Il raconte l'étrange scène qui lui a fait si peur.
2. Léa se souvient des anciens épisodes auxquels vous faites allusion.
3. Pensez à rapporter le matériel de jardinage que l'on vous a prêté.
4. Avez-vous entendu parler de la cour du roi Arthur où se réunissent les chevaliers de la Table ronde ?

- Un même **nom** peut être **complété par plusieurs propositions subordonnées relatives** :
*La <u>dame</u> [**qui arrive**] et [**que salue le chevalier**] va assister au tournoi.*

Écouter la leçon
hachette-clic.fr/22fl5c048

5 a. Placez entre crochets les propositions subordonnées relatives. b. Soulignez les noms complétés. c. Ajoutez une seconde proposition subordonnée relative.

1. Le jeune page qui accompagne le chevalier et que .... traverse la cour.
2. Le seigneur qui est puissant et que .... se nomme Guillaume.
3. Ce tournoi auquel il participe et qu'........................ vient de débuter.

- Une **proposition subordonnée relative** permet d'**éviter la répétition** du nom qu'elle complète.
*<u>Un jeune homme</u> observe les chevaliers. **Ce jeune homme** se nomme Perceval.*
*→ <u>Un jeune homme</u> [**qui** se nomme Perceval] observe les chevaliers.*
- Elle **enrichit le nom** ou **le groupe nominal** qu'elle complète.

Écouter la leçon
hachette-clic.fr/22fl5c049

6 Transformez les couples de phrases en une seule phrase comportant une proposition subordonnée relative que vous mettrez entre crochets.

1. Eudes veut être drapier. Un drapier coupe de beaux tissus.
....
2. Les armuriers préparent les armes. On entrepose les armes dans le donjon.
....
3. Les vilains se rendent à la ville. À la ville se déroule la foire.
....

7 Récrivez ces groupes nominaux en employant une proposition subordonnée relative.

1. un fruit sans odeur : ....
2. un château du Moyen Âge : ....
3. un trajet terrestre : ....

8 Complétez le groupe nominal souligné par deux propositions subordonnées relatives que vous mettrez entre crochets.

Je voyais de <u>sombres nuages</u> ....
....

9 Je rédige

Faites le portrait d'un personnage de votre choix en employant au moins deux propositions subordonnées relatives que vous soulignerez.

....
....
....
....

22

La phrase complexe

La proposition subordonnée conjonctive COD

Je découvre

1 **a. Chaque phrase B a-t-elle le même sens que la phrase A correspondante ?** OUI ☐ NON ☐

A. Tu expliques **ton envie.** B. Tu expliques **que tu as envie.**

A. J'espère **la sortie du film.** B. J'espère **que le film sorte.**

b. Quelle est la fonction des groupes de mots en gras ? ....

c. Entourez les conjonctions de subordination.

d. Encadrez par des crochets les propositions subordonnées conjonctives.

e. Relevez le verbe de chaque proposition subordonnée et indiquez son mode.

....

Écouter la leçon
hachette-clic.fr/22fl5c050

- **La proposition subordonnée conjonctive COD :**
  – est l'équivalent d'un groupe nominal COD ;
  – est introduite par la **conjonction de subordination** *que* (*qu'*) ;
  – est complément de verbes de :

	mode	
déclaration : *dire, affirmer, expliquer…*	indicatif	*Il dit [qu'elle* ***est venue****].*
pensée : *penser, juger, savoir, estimer, croire…*		*Elle estime [qu'elle* ***a*** *bien* ***travaillé****].*
volonté : *vouloir, souhaiter, refuser…*	subjonctif	*Il veut [que tu* ***viennes****].*
doute : *douter*		*Je doute [qu'elle* ***vienne****].*
peur : *craindre, redouter…*		*Je crains [qu'il ne* ***puisse*** *pas venir].*

Après des verbes de pensée employés dans une phrase interrogative ou négative, on a le choix entre l'indicatif et le subjonctif : *Penses-tu qu'elle est (soit) prête ? Je ne pense pas qu'elle est (soit) prête.*

2 **Soulignez les COD : les groupes nominaux d'un trait, les propositions subordonnées conjonctives COD de deux traits.**

1. a. Il craint la tombée de la nuit. b. Il craint que la nuit tombe.
2. a. Les paysans désirent que la pluie arrive. b. Les paysans désirent l'arrivée de la pluie.
3. a. Les amis de Sophie espèrent sa réussite. b. Les amis de Sophie espèrent qu'elle réussira.
4. a. Mes parents souhaitent mon bonheur. b. Mes parents souhaitent que je sois heureux.

3 **a. Encadrez par des crochets les propositions subordonnées conjonctives COD.**
b. Soulignez les verbes qu'elles complètent.

1. Les aventuriers redoutent que la tempête se lève.
2. Le chef de l'expédition explique à ses compagnons que la route est devenue impraticable.
3. Christophe Colomb a cru pendant un temps qu'il découvrait l'Inde.
4. Je doute fortement que cette expédition soit couronnée de succès.

4 a. **Encadrez par des crochets les propositions subordonnées conjonctives COD. b. Précisez le mode de leur verbe.**

1. Crois-tu vraiment que l'homme pourra vivre sur Mars ? ....

2. Les savants estiment que le réchauffement climatique fait courir un grave danger à la planète.

....

3. Voudriez-vous que nous vous accompagnions dans le désert ? ....

4. Les scientifiques craignent que les intempéries ne fassent rage. ....

5 **Complétez les phrases en employant le verbe entre parenthèses au mode qui convient.**

1. Je voudrais que tu *(lire)* .... cette pièce de Molière.

2. L'avare Harpagon refuse que son cuisinier *(choisir)* .... des mets coûteux.

3. Cléante déclare que son père *(être)* .... un avare odieux.

4. Harpagon hurle que sa cassette *(disparaître)* ....

5. Marianne refuse qu'Harpagon *(devenir)* .... son mari.

6 a. **Soulignez chaque COD. b. Récrivez les phrases en remplaçant les propositions subordonnées conjonctives COD par des groupes nominaux, et inversement.**

1. Les explorateurs désirent que leurs relations avec les indigènes soient bonnes.

....

2. Le professeur nous apprend que Christophe Colomb a découvert l'Amérique en 1492.

....

....

3. Je crains l'échec de ton projet.

....

4. On redoute la disparition de la mer d'Aral.

....

7 a. **Complétez ces phrases par une proposition subordonnée conjonctive COD de votre choix.**
b. Indiquez entre parenthèses le mode employé.

1. Le directeur de la troupe déclare ....

2. Mon frère estime-t-il .... ? ....

3. Nos parents refusent ....

4. Veux-tu .... ? ....

8 Je rédige **Écrivez quatre phrases comportant une proposition subordonnée conjonctive COD de votre choix.**

23

La phrase complexe

Les propositions subordonnées circonstancielles

Les propositions subordonnées circonstancielles de temps

Je découvre

★ 1 **a. Chaque phrase B a-t-elle le même sens que la phrase A correspondante ?** OUI ☐ NON ☐

A. À la tombée de la nuit, les étoiles apparaissent. ....

B. Quand la nuit tombe, les étoiles apparaissent. ....

b. Soulignez les compléments circonstanciels de temps.

c. Indiquez la nature grammaticale de chaque complément circonstanciel.

★ 2 **Observez les phrases A, B et C ci-dessous : par rapport à l'action exprimée par le verbe en gras, quel complément circonstanciel souligné exprime une action antérieure ?** ...... **simultanée ?** ...... **postérieure ?** ......

A. Quand la sonnerie retentit, les élèves **rangent** leurs affaires. B. Avant que la sonnerie ne retentisse, les élèves **rangent** leurs affaires. C. Après que la sonnerie a retenti, les élèves **rangent** leurs affaires.

Écouter la leçon
hachette-clic.fr/22fl5c051

- La **proposition subordonnée circonstancielle de temps** est l'équivalent d'un complément circonstanciel de temps (nom, groupe nominal, adverbe, infinitif) dans une phrase simple.
- **Dans une phrase complexe**, le complément circonstanciel de temps s'exprime dans une **proposition subordonnée circonstancielle**, introduite par une **conjonction de subordination** suivie :
  – **de l'indicatif :** ***après que, au moment où, chaque (toutes les) fois que, comme, dès que, lorsque, quand…***
  – **du subjonctif :** ***avant que, jusqu'à ce que***
  Il avait fini son travail ***avant que nous n'arrivions.***

Une proposition commençant par « comme » se place en tête de phrase.

- Un **proposition subordonnée circonstancielle de temps** peut exprimer :

UNE ACTION

- **antérieure** (*après que, une fois que…*)
  Il partira ***après que le dîner sera fini.***
- **simultanée** ***(lorsque, quand, pendant (que), comme…)***
  Il arriva ***au moment où tu partais.***
- **postérieure** ***(avant que, jusqu'à ce que …)*** à une autre action exprimée dans la phrase
  Il a travaillé ***avant que vous n'arriviez.***

UNE RÉPÉTITION

(à chaque fois, chaque fois que…)
Il s'entraîne ***chaque fois qu'il le peut.***

✶ 3 a. Conjuguez les verbes entre parenthèses au mode qui convient.
b. Placez entre crochets les propositions subordonnées circonstancielles de temps.

1. Le jardinier taille ses arbres jusqu'à ce que la forme lui (*convenir*) ....

2. Une fois qu'il (*arroser*) .... les jeunes pousses, il range l'arrosoir.

3. Lorsque Marie (*aller*) .... au jardin, elle cueille des fleurs.

4. Le jardinier rentre ses outils avant qu'il ne (*pleuvoir*) ....

✶ 4 a. Soulignez les propositions subordonnées circonstancielles de temps.

b. Quelle nuance temporelle expriment-ils ? ....

Le père Milon, lorsqu'il crut l'heure arrivée, se rapprocha de la route et se cacha dans une broussaille. À minuit, un galop de cheval sonna sur la terre dure. Un soldat prussien arrivait au grand trot. Dès qu'il ne fut plus qu'à dix pas, le père Milon se traîna au milieu de la route en gémissant.

D'après Guy de Maupassant, « Le Père Milon », *Contes et Nouvelles*, 1883.

✶✶ 5 a. Placez entre crochets les propositions subordonnées circonstancielles de temps. b. Indiquez si elles expriment une action antérieure, simultanée ou postérieure. c. Récrivez les phrases en remplaçant les propositions subordonnées par des groupes nominaux.

1. Comme la piscine ouvrait, les enfants arrivaient. ....

....

2. Après que les bouées furent distribuées, les enfants se mirent à l'eau. ....

....

3. Les enfants s'échauffent avant que ne commence le cours. ....

....

✶✶ 6 a. Soulignez les compléments circonstanciels de temps. b. Récrivez les phrases en remplaçant ces compléments par des propositions subordonnées circonstancielles de même sens.

1. Lors de son arrivée à Digne, Jean Valjean fut refusé à l'auberge.

....

2. Cosette est effrayée à chacune de ses sorties nocturnes.

....

3. Depuis sa rencontre avec Jean Valjean, Cosette est heureuse.

....

4. Lors de leur arrivée à Paris, ils s'installèrent dans une masure.

....

7 Je rédige

Poursuivez en quelques phrases le récit de l'exercice 4. Vous emploierez trois propositions subordonnées circonstancielles de temps.

Les propositions subordonnées circonstancielles de cause

Écouter la leçon
hachette-clic.fr/22fl5c052

- Une **proposition subordonnée circonstancielle de cause** est l'équivalent d'un groupe prépositionnel complément circonstanciel de cause :
  – **préposition** (*à cause de*, *en raison de*, *grâce*, *à*, *de*, *par*, *étant donné*, *à force de*, *pour*…) + un **nom** ou un **groupe nominal** : *Il est arrêté **pour excès de vitesse**.*
  – **préposition** (*faute de*, *à force de*, *pour*) + **verbe à l'infinitif** : *Il est arrêté **pour avoir conduit trop vite**.*
- **Dans une phrase complexe,** le complément circonstanciel de cause s'exprime dans une **proposition subordonnée circonstancielle**, introduite par une **conjonction de subordination** : *parce que*, *puisque*, *comme*, *sous prétexte que* (cause fausse).
  *Il est arrêté **parce qu'il a roulé trop vite/sous prétexte qu'il a roulé trop vite**.*

Une proposition commençant par « comme » se place en tête de phrase.

*** 8 En posant la question « Pour quelle raison ? », soulignez les propositions subordonnées circonstancielles de cause.**

1. Comme les portes n'étaient pas fermées, les enfants sont entrés dans le théâtre.
2. Puisque les éclairagistes n'ont pas allumé les projecteurs, la pièce ne peut pas commencer.
3. L'acteur principal, parce qu'il veut surprendre son public, retarde un peu son entrée en scène.

**** 9 a. Soulignez les compléments circonstanciels exprimant la cause. b. Récrivez les phrases en employant des propositions subordonnées circonstancielles de même sens.**

1. À cause de son inexpérience, le jeune Perceval craint les chevaliers. ....
....
2. Perceval, faute de connaître la chevalerie, s'informe.
....
3. En raison de sa curiosité, Perceval pose des questions.
....

**** 10 Complétez chaque phrase avec une proposition subordonnée circonstancielle de cause.**

1. Serge risque de glisser à vélo ....
2. ...., Émilie boit un grand verre d'eau.

11 Je rédige **En vous inspirant du dessin, rédigez deux phrases comportant une proposition subordonnée circonstancielle de cause.**

....
....
....
....
....
....

Les propositions subordonnées circonstancielles de but

Je découvre

12 **a. Chaque phrase B a-t-elle le même sens que la phrase A correspondante ?** OUI ☐ NON ☐

A. Lancelot désarçonne son adversaire pour remporter un défi important.

B. Lancelot désarçonne son adversaire pour que le défi remporté soit important.

b. Soulignez d'un trait les groupes de mots ou les propositions exprimant le but.

c. Quelle phrase comporte une proposition subordonnée circonstancielle ? ....

d. Entourez le verbe de cette proposition subordonnée circonstancielle : à quel mode est-il conjugué ?

....

Écouter la leçon
hachette-clic.fr/22fl5c053

- La **proposition subordonnée circonstancielle de but** est l'équivalent d'un groupe prépositionnel complément circonstanciel de but :
pour, afin de, en vue de + un **nom** (ou un **groupe nominal**), un **verbe à l'infinitif**. *Le chevalier se bat* ***pour l'honneur, pour gagner****.*
- **Dans une phrase complexe,** le complément circonstanciel de but s'exprime dans une **proposition subordonnée circonstancielle**, introduite par une **conjonction de subordination :** ***pour que****,* ***afin que****,* ***de peur que****,* ***de crainte que*** + **subjonctif**.
Le chevalier se bat ***pour que sa Dame soit fière de lui****.*
Il se bat pour que son équipe ***ne*** *perde* ***pas****. Il se bat* ~~*pour pas que son équipe perde*~~*.*

Lorsque le but est négatif, la négation encadre le verbe de la proposition subordonnée.

13 **a. Soulignez les compléments circonstanciels de but. b. Récrivez les phrases en employant des propositions subordonnées circonstancielles de même sens.**

1. Les indigènes cultivent du blé pour la survie de leur village.

....

2. Christophe Colomb prépare l'expédition avec minutie afin de la faire réussir.

....

3. Les marins embarquent de la nourriture afin de ne pas mourir de faim.

....

14 **Complétez les phrases avec des propositions subordonnées circonstancielles de but.**

1. Les amis s'entendent ....
2. Les athlètes doivent s'entraîner ....
3. Nous organisons une pétition ....
4. Le maire convoque son conseil municipal ....

Je teste mes connaissances sur la phrase complexe

Exercices interactifs
hachette-clic.fr/22fl5c054

Entraînez-vous sur la phrase complexe grâce à des exercices interactifs.

Méthode 3

Enrichir un récit avec un dialogue

On peut enrichir un récit avec un dialogue.

Les rôles du dialogue

- rendre le récit plus vivant ;
- faire progresser la situation, l'action (par exemple par un jeu de questions/réponses) ;
- révéler les sentiments, le comportement des interlocuteurs.

L'écriture du dialogue

- respecter la **ponctuation du dialogue** (voir leçon 14) ;
- employer une **ponctuation expressive** : points d'exclamation pour souligner les sentiments, points de suspension pour marquer l'hésitation ;
- employer des **verbes de parole expressifs**, à des places variées, et conjugués aux temps du récit (présent, passé simple, imparfait).

Verbes de parole pour exprimer	Exemples
une déclaration	*déclarer, annoncer, lancer, expliquer, préciser, prévenir, avertir, avouer, ajouter, objecter…*
une demande	*demander, prier, supplier, interroger, questionner, enquêter, s'enquérir…*
une réponse	*répondre, répliquer, ajouter, nier, refuser, interrompre…*
une intonation ou un sentiment	*crier, s'écrier, s'exclamer, hurler, gronder, tonner… ≠ murmurer, susurrer, souffler…* *se lamenter, gémir, geindre… ≠ plaisanter, rire…* *injurier, invectiver… ≠ féliciter, louer…*

1 **Récrivez ce passage en ajoutant la ponctuation qui convient et en remplaçant les verbes « dire » par des verbes de parole plus précis et plus expressifs.**

Le nommé Morgan, un vieux matelot à cheveux gris, s'avança tout piteux[1].

Morgan, dit très sévèrement Long John, vous n'avez jamais rencontré ce Chien-Noir auparavant, hein ?

Non, monsieur, dit Morgan, avec un salut.

Vous ne saviez pas son nom ? dit-il.

Non, monsieur, dit-il.

Par tous les diables, Tom Morgan, cela vaut mieux pour vous ! dit le patron. Si vous aviez été en rapport avec des gens comme ça, vous n'auriez plus jamais remis le pied chez moi, je vous le garantis.

D'après Robert Louis Stevenson, *L'Île au trésor*, 1883.

1. dans un triste état.

J'évalue mes connaissances et mes compétences

Évaluation 3

Colomb[1] s'approcha de son protégé. Il le fit à petits pas, sans déplacer le moindre gravillon, comme s'il eût voulu ne pas troubler l'instant au cours duquel l'enfant rencontrait la mer. Il se tint debout derrière Pedro et il retrouva, face à la grande étendue immobile, le regard de ses quatorze ans.

« Elle n'est pas toujours ainsi, dit-il très doucement pour ne pas rompre le charme d'un coup.

– Où irons-nous ? demanda Pedro en se retournant.

– De l'autre côté.

– C'est comment, de l'autre côté ?

– Dieu nous le montrera !

– Et il y aura quoi, de l'autre côté ?

– Les Indes !

– Les Indes, c'est quoi ? »

Colomb se laissa aller à un grand éclat de rire. De deux tapes à pleines mains largement ouvertes, il enserra les épaules de ce garçon bizarre.

« Les Indes ? C'est le pays de l'or et des épices. Nous y cueillerons la myrrhe[2] comme en Arabie et nous serons les égaux des Mages[3] venus d'Orient pour visiter l'étable où Notre Seigneur a vu le jour. Seulement, nous, nous irons de ce côté-ci. »

Du doigt pointé sur le couchant, il indiquait la route nouvelle qui enfiévrait ses songes.

Jean-Côme Noguès, *Le Voyage inspiré*,
© Hachette Jeunesse, 2002.

1. Christophe Colomb. 2. gomme-résine aromatique. 3. rois orientaux.

Lecture et langue

1. a. Qui sont les deux personnages qui dialoguent ?

b. Soulignez les verbes introducteurs du dialogue.

c. Quel type et quelle forme de phrase chaque interlocuteur emploie-t-il ?

2. Expliquez le rôle de ce dialogue.

3. Qu'apprend-on sur chaque personnage dans ce passage ?

Écriture

Vous accompagnez quelqu'un qui découvre un lieu pour la première fois. Racontez la scène en insérant un dialogue.

Reportez-vous à la Méthode 3, p. 58.

24 La carte d'identité du verbe

Écouter la leçon
hachette-clic.fr/22fl5c055

Le verbe et la conjugaison

- Le **verbe** est une **classe grammaticale** qu'on reconnaît en croisant plusieurs critères :
  – il exprime une **action** (*entendre*) ou un **état** (*paraître*) ;
  – il peut être **précédé d'un pronom personnel** (*je, tu, il…*) ;
  – il peut être **accompagné d'une négation** (*ne… pas*).
- La **conjugaison du verbe** se compose de **formes verbales qui varient** selon :
  – **la personne** : *j'entends, il entend* ;
  – **le temps** : *j'entends, j'entendais, j'entendis, j'ai entendu* ;
  – **le mode** : *j'entends, que j'entende, j'entendrais* ;
  – **le nombre** : *j'entends, nous entendons* ;
  – **la voix** : *j'entends, je suis entendu*.

★ 1 **a. Complétez le tableau.**

TEMPS SIMPLES	TEMPS COMPOSÉS
INDICATIF	
Présent	**Passé composé**
je grand**is**	*j'*ai grandi
il …………	*il* …………
nous grandiss**ons**	*nous* avons grandi
ils …………	*ils* …………
Imparfait	**Plus-que-parfait**
je grandiss**ais**	*j'*avais grandi
nous …………	*nous* …………
Passé simple	**Passé antérieur**
je grand**is**	*j'*eus grandi
il …………	*il* …………
ils grand**irent**	*ils* eurent grandi
Futur simple	**Futur antérieur**
je grand**irai**	*j'*aurai grandi
il …………	*il* …………
nous grand**irons**	*nous* …………
ils …………	*ils* auront grandi

TEMPS SIMPLES	TEMPS COMPOSÉS
CONDITIONNEL	
Présent	**Passé**
je grand**irais**	*j'*aurais grandi
il grand**irait**	*il* aurait grandi
nous grand**irions**	*nous* aurions grandi
ils …………	*ils* auraient grandi
IMPÉRATIF	
Présent	**Passé**
grand**is**	aie grandi
grandiss**ons**	ayons grandi
grandiss**ez**	ayez grandi
SUBJONCTIF	
Présent	**Passé**
(qu') il grandiss**e**	*(qu')il* ait grandi
(que) nous grandiss**ions**	*(que) nous* ayons grandi
(que) vous grandiss**iez**	*(que) vous* ayez grandi
INFINITIF	
Présent	**Passé**
grand**ir**	avoir grandi
PARTICIPE	
Présent	**Passé**
grandiss**ant**	(ayant) grandi

b. Complétez : Il existe ………… modes. Le mode indicatif compte ………… temps.
Dans chaque mode, on distingue les temps simples (un mot) et les temps ………… (…………).

2 **a. Indiquez entre parenthèses le temps de l'indicatif de chaque forme verbale. b. Transposez ces formes au temps composé correspondant.**

- ils prendront (..) → ils ....
- nous prenions (..) → nous ....
- tu prends (..) → tu ....
- elle prit (..) → elle ....

Écouter la leçon
hachette-clic.fr/22fl5c056

Le radical

- On nomme **radical** la partie du verbe à laquelle s'ajoute la **terminaison** : ***passer, finir, rendre, je rends, nous rendions.***
- Selon les verbes, les temps comportent un ou plusieurs radicaux, aux différents modes : ***voul**oir*, présent de l'indicatif : *je **veu**x, nous **voul**ons, ils **veul**ent.*

3 **a. Entourez le radical de chaque verbe à l'infinitif. b. Soulignez les autres radicaux. c. Indiquez le nombre de radicaux différents pour chaque verbe.**

1. gémir : je gémis, tu gémis, il gémit, nous gémissons, vous gémissez, ils gémissent (......)
2. lancer : je lançais, tu lançais, elle lançait, nous lancions, vous lanciez, ils lançaient (......)
3. pouvoir : je peux, tu peux, il peut, nous pouvons, vous pouvez, elles peuvent (......)

4 **a. En vous aidant d'un tableau de conjugaison, entourez le radical correct pour chaque verbe, au temps et au mode indiqués. b. Conjuguez le verbe à ce temps aux trois personnes du singulier.**

1. voir (*passé simple de l'indicatif*) : v- • vi- : ....
2. savoir (*imparfait de l'indicatif*) : sav- • ser- • saur- : ....
3. dire (*présent du subjonctif*) : di- • dir- • dis- : ....
4. prendre (*imparfait de l'indicatif*) : prenn- • prend- • pren- : ....

5 **a. Entourez les verbes. b. Soulignez leur radical. c. Indiquez leur mode et leur temps.**

1. C'est alors que le loup vit une fumée sortir de la cuisine. 2. Les fils du paysan y tournaient des brochettes. 3. Le loup, sentant cette odeur inhabituelle, renifla. 4. Il goûtait volontiers cette viande quand cela était possible.

1. .... / .... ; .... / ....
2. .... / ....
3. .... / .... ; .... / ....
4. .... / .... ; .... / ....

6 **Je rédige** **Poursuivez le récit de l'exercice 5 et soulignez les verbes.**

....
....
....

25 Le verbe à la voix passive

Je découvre

1 a. Soulignez les verbes.

1. Le chevalier est félicité par la dame. ....
2. Le chevalier sera félicité par la dame. ....
3. Le chevalier a été félicité par la dame. ....

b. Quels sont les deux éléments qui composent ces verbes ? ....

....

c. Entourez les auxiliaires et indiquez leur mode et leur temps.

Écouter la leçon
hachette-clic.fr/22fl5c057

Le verbe à la voix passive

- Un verbe peut se mettre à la voix passive s'il **peut être suivi d'un COD** à la voix active.
*On blesse **le chevalier**. → Le chevalier est blessé.*
- Le **verbe à la voix passive** est composé de l'**auxiliaire *être*** et du **participe passé**.
- Le **mode** et le **temps du verbe à la voix passive** sont ceux de son auxiliaire.
*Le chevalier **est** blessé par le dragon. Le chevalier **était** blessé par le dragon*
(est : indicatif présent ; était : indicatif imparfait)

Pensez à accorder les participes passés avec le sujet !

2 a. Soulignez les auxiliaires et encadrez les verbes à la voix passive.

1. Tristan est accueilli par le roi Marc. **2.** Il est trahi par le nain Frocin.
3. Yseut fut livrée aux lépreux. **4.** Le roi Marc était monté dans le pin.

b. Quelle est la phrase intruse ? ....

Certains verbes comme *monter*, *descendre*, *venir*, *tomber*, conjugués avec l'auxiliaire *être*, ne sont pas à la voix passive.

3 Soulignez les verbes à la voix passive et indiquez leur temps de l'indicatif.

1. Le cheval de Yvain fut coupé en deux par la porte tranchante. ....
2. Yvain est saisi d'une grande frayeur. .... **3.** Le chevalier sera attiré dans un piège.
.... **4.** Les murs étaient ornés de riches peintures. ....

4 a. Indiquez le temps de ces verbes conjugués à la voix passive. b. Transposez ces formes verbales au temps de l'indicatif demandé.

1. Il est transporté. (**a.** ....) **b.** Passé composé : ....
2. Nous avons été trahies. (**a.** ....) **b.** Imparfait : ....
3. Vous aviez été acclamés. (**a.** ....) **b.** Passé simple : ....

5 Conjuguez ces verbes à la voix passive au mode et au temps indiqués.

1. La dame de Landuc (*vêtir*, imparfait de l'indicatif) .... d'une robe impériale.
2. Gauvain (*sauver*, passé simple de l'indicatif) .... de la mort par Lunette.

26 Le présent de l'indicatif et ses emplois

Je révise

★ 1 Complétez la fiche de révision en ajoutant des exemples personnels.

La conjugaison du présent de l'indicatif

Au présent de l'indicatif, les verbes ont :

- un ou plusieurs radicaux ;
  – verbes du 1er groupe, 1 radical : *je porte, nous portons,*
  – verbes du 2e groupe, 2 radicaux : *je grandis, nous grandissons,*
  – verbes du 3e groupe, 1, 2 ou 3 radicaux : *j'offre, nous offrons ; je mets, nous mettons ; je viens, nous venons, ils viennent ;*

Pour les verbes irréguliers fréquents du 1er groupe, voir leçon 34.

- les terminaisons (marques de personne) suivantes :

singulier	-e, -es, -e	verbes du 1er groupe		*je porte, tu portes, il porte* ……………………
	-is, -is, -it	verbes du 2e groupe		*je finis, tu finis, il finit* ……………………
	-s, -s, -t	la plupart des verbes	verbes du 3e groupe	*je sors, tu sors, il sort* ……………………
	-s, -s, Ø	verbes en *-dre, mettre, battre…*		*je rends, tu rends, il rend* *je mets, tu mets, il met* ……………………
	-e, -es, e	verbes en *-frir, -vrir, -llir*		*j'offre, tu offres, il offre* *je cueille, tu cueilles, il cueille*
	-x, -x, -t	*pouvoir, vouloir, valoir*		*je veux, tu veux, il veut*
pluriel	-ons, -ez, -ent	tous les verbes		*nous portons, vous portez, ils portent* *nous finissons, vous finissez, ils finissent* *nous mettons, vous mettez, ils mettent* *nous voulons, vous voulez, ils veulent*

Les verbes en *-indre* se terminent par *-s, -s, -t.*

★ 2 Mettez ces verbes du 1er groupe et du 2e groupe au présent de l'indicatif à la personne indiquée.

(porter) nous …………………… *(préparer)* vous …………………… *(cultiver)* elles ……………………

(accorder) tu …………………… *(pâlir)* ils …………………… *(adopter)* j' ……………………

(périr) elle …………………… *(sévir)* ils …………………… *(insister)* tu ……………………

★ 3 Transposez ces verbes à la personne du pluriel correspondante.

je crie …………………… tu justifies …………………… elle rend ……………………

il correspond …………………… je ris …………………… tu agis ……………………

★★ 4 Transposez ces verbes du 3e groupe à la personne du singulier correspondante.

vous partez …………………… elles sortent …………………… nous savons ……………………

elles mentent …………………… elles peignent …………………… nous craignons ……………………

5 Transposez ces verbes du 3e groupe à la personne du singulier correspondante.

vous remettez .... nous combattons .... ils débattent ....

elles commettent .... vous permettez .... ils émettent ....

6 Transposez ces verbes du 3e groupe à la personne du singulier correspondante.

nous prenons .... vous tendez .... ils tordent ....

vous perdez .... elles mordent .... nous dépendons ....

7 Mettez ces verbes du 3e groupe au présent de l'indicatif à la personne indiquée.

(mentir) je .... *(partir)* tu .... *(dépendre)* il ....

(débattre) nous .... *(mentir)* elle .... *(savoir)* elles ....

8 Mettez ces verbes du 3e groupe au présent de l'indicatif à la personne indiquée.

(recueillir) je .... *(écrire)* tu .... *(offrir)* tu ....

(sortir) elle .... *(courir)* elle .... *(conduire)* je ....

9 Transposez ces verbes à la personne du singulier correspondante.

elles suivent .... vous fléchissez .... nous admettons ....

ils servent .... elles serrent .... vous battez ....

10 Mettez ces verbes au présent de l'indicatif à la personne indiquée.

(sentir) tu .... *(partir)* elle .... *(répondre)* il ....

(pleuvoir) il .... *(valoir)* tu .... *(savoir)* je ....

11 Complétez ce texte en conjuguant les verbes au présent de l'indicatif.

Je (*descendre*) .... le dernier coteau du Canigou, et je (*distinguer*) .... dans la plaine les maisons de la petite ville d'Ille, vers laquelle je (*se diriger*) .... « Vous (*savoir*) .... , (*dire*) ....-je au Catalan qui me (*servir*) .... de guide depuis la veille, vous (*savoir*) .... sans doute où (*demeurer*) .... M. de Peyrehorade ?
– Si je le (*savoir*) .... ! (*s'écrier*) .... -t-il, je (*connaître*) .... bien sa maison. »

D'après Prosper Mérimée, *La Vénus d'Ille*, 1837.

12 Récrivez ces phrases au présent de l'indicatif.

1. L'enquêteur vérifiait toutes les pistes. ....
2. Dormais-tu à la belle étoile ? ....
3. Il s'agissait de bien parler ! ....
4. Fallait-il parler ? ....

13 Récrivez ce texte au présent de l'indicatif.

Elle partit vers quatre heures du matin. Son mari, depuis minuit, dormait dans un petit salon désert. Il lui posa sur les épaules de modestes vêtements de la vie ordinaire, dont la pauvreté jurait avec l'élégance de la toilette de bal. Elle le sentit et voulut s'enfuir, pour ne pas être remarquée par les autres femmes qui s'enveloppaient de riches fourrures. Loisel la retenait. Mais elle ne l'écoutait point et descendait rapidement l'escalier.

D'après Guy de Maupassant, *La Parure*, 1884.

....

....

....

....

....

....

Les emplois du présent de l'indicatif

Écouter la leçon
hachette-clic.fr/22fl5c058

Le présent	d'**actualité** ou d'**énonciation** (actions correspondant au moment où on parle)	*« Que **fais**-tu ? »*
	de **vérité générale**	*L'eau **bout** à cent degrés.*
	d'**habitude**	*Tous les matins, il **court** cent mètres.*
	de **narration** (dans un récit au passé pour rendre ce récit plus vivant)	*Les marchands approchaient : le renard se **couche** et **fait** le mort.*

★★14 **a. Soulignez les verbes au présent de l'indicatif. b. Précisez l'emploi de chacun d'eux.**

1. Marco Polo arriva en Chine ; dès lors sa vie change totalement. (...)
2. L'empereur lui demanda : « Quelle monnaie utilise-t-on à Venise ? » (...)
3. À chaque nouvelle expérience, le voyageur note ses impressions. (...)
4. Voyager forme l'esprit. (...)

★★15 **a. Complétez les phrases avec les verbes proposés, conjugués au présent de l'indicatif.**
b. Précisez l'emploi de chacun d'eux.

1. Une musique entraînante *(détendre)* .... toujours l'atmosphère. ....
2. Arrête-toi ! Tu *(fléchir)* .... sous le poids de la charge. ....
3. Vous *(lire)* .... chaque jour un nouveau chapitre. ....
4. Il progressait dans la forêt quand un bruit le *(surprendre)* .... soudain. ....

★★16 **Récrivez le texte en employant des présents de narration là où cela est possible.**

Les aventuriers progressaient dans la forêt vierge. Chacun veillait à éviter les serpents. Le chef d'expédition donnait des ordres pour diriger la petite troupe. La fatigue commençait à se faire sentir. Tout à coup, un bruit sinistre stria l'atmosphère. Les voyageurs se regardèrent, inquiets. Leur chef les rassura. Dans le silence revenu, les peurs s'apaisaient, doucement.

....

....

....

....

....

....

27 Le futur de l'indicatif et ses emplois

Écouter la leçon
hachette-clic.fr/22fl5c059

- **Au futur simple de l'indicatif, le radical est le même à toutes les personnes.**
- La marque de **temps** est toujours le -**r**- (ou -**er**-, -**ir**-).
- Les marques de **personne** sont les mêmes pour tous les verbes : -**ai**, -**as**, -**a**, -**ons**, -**ez**, -**ont**.
  je laverai, tu laveras, il lavera, nous laverons, vous laverez, ils laveront
- Le futur simple :
  – situe une **action dans l'avenir** : *Je **viendrai** demain ;*
  – exprime un **ordre** : *Vous **ferez** cet exercice dans votre cahier.*

Pour les verbes irréguliers, voir les tableaux de conjugaison.

★ 1 Conjuguez ces verbes au futur de l'indicatif à la personne indiquée.

(*rouler*) je .... (*photographier*) elle .... (*apporter*) tu ....

(*agir*) nous .... (*rugir*) ils .... (*sévir*) vous ....

(*cuire*) elles .... (*rendre*) tu .... (*boire*) je ....

★ 2 Placez chaque verbe au futur dans le domino qui lui convient.

vous aurez • ils diront • tu reviendras • nous ferons • je serai • elle pourra

dire	....	revenir	....	être	....
faire	....	pouvoir	....	avoir	....

★★ 3 Conjuguez les verbes au futur de l'indicatif et précisez leur emploi (avenir ou ordre).

1. Le messager annonça : « Tous les seigneurs (*se rendre*) se .... au château pour le conseil ! » (..........................) **2.** Les barons se réjouissent car ils (*aller*) .... au château pour le banquet qui (*avoir*).......................... lieu le mois prochain ; ils (*entendre*) .... des jongleurs et (*boire*) .... du vin. (..........................) **3.** Les chevaliers (*se battre*) .... demain dans la cour du château. (..........................) **4.** « Madame, vous n'(*avoir*) .... pas à rougir de moi », assura le chevalier. (..........................) **5.** « Preux chevalier, je (*porter*) .... vos couleurs et vous (*gagner*) .... le tournoi pour moi. » (..........................)

4 Je rédige **Rédigez une recette de gâteau de votre choix en employant le futur de l'indicatif.**

....

....

....

....

....

28 L'imparfait et le passé simple de l'indicatif et leurs emplois

Écouter la leçon
hachette-clic.fr/22fl5c060

L'imparfait de l'indicatif

- Le **radical** de l'imparfait de l'indicatif correspond à celui de la **1re personne du pluriel au présent de l'indicatif** : *nous **pren**ons* → *je **pren**ais.*
- Les **terminaisons** (marques de temps et de personne) sont les mêmes pour tous les verbes : ais, -ais, -ait, -ions, -iez, -aient.

Pour les verbes en *-cer, -ger, -eler, -eter, -yer*, voir leçon 34.

Aux 1re et 2e personnes du pluriel, attention au « i » qui ne s'entend pas dans les verbes dont le radical se termine par un « i » ou un « y » : *nous criions, nous riions, nous croyions, nous payions.*

★ 1 Transposez ces formes verbales à l'imparfait de l'indicatif, à la personne indiquée.

nous savons → tu .... • nous rougissons → je .... • nous crions → tu ....

nous tenons → je .... • nous lançons → je .... • nous rangeons → je ....

★ 2 Mettez ces verbes à l'imparfait de l'indicatif, à la personne indiquée.

(*verdir*) il .... (*craindre*) tu .... (*parvenir*) ils ....

(*abattre*) nous .... (*promettre*) nous .... (*courir*) elle ....

★ 3 Rayez l'intrus dans chaque série.

A. nous percions • nous sourions • nous parvenions • nous agitions • nous gémissions • nous repliions • nous sortions • nous décidions

B. je bataillais • je rageais • je songeais • je manquerai • je manquais • je signais

C. vous entriez • vous baissiez • vous protégiez • vous reliez • vous acceptiez

★★ 4 Complétez ce tableau.

Futur de l'indicatif	Imparfait singulier	Imparfait pluriel
je saurai	je	nous ....
elle remuera	....	....
j'accueillerai	....	....
il verra	....	....
tu feras	....	....
je courrai	....	....

★★ 5 Récrivez ces verbes à l'imparfait de l'indicatif.

vous priez → .... • nous supplions → ....

vous rayez → .... • nous voyons → ....

vous essuyez → .... • nous plions → ....

★★ 6 Complétez ces phrases par des verbes conjugués à l'imparfait de l'indicatif.

1. Le soleil (*rougir*) .... à l'horizon. **2.** Le chien (*rayer*) .... le parquet de ses griffes. **3.** Vous (*essayer*) .... de partir en Asie. **4.** Vous (*rire*) .... de bon cœur. **5.** Nous (*croire*) .... aux fantômes. **6.** Le toit des maisons (*briller*) .... au soleil.

7 **Récrivez les phrases en mettant les verbes à l'imparfait de l'indicatif.**

1. Les marins de la caravelle abordent sur le rivage. **2.** Les Indiens les observent avec curiosité. **3.** Le chef qui les commande leur ordonne de se taire. **4.** Nous plions sous les cadeaux remis par les indigènes. **5.** Nous les remercions chaleureusement.

....

....

....

....

....

Attention aux accords !

Écouter la leçon
hachette-clic.fr/22fl5c061

Le passé simple de l'indicatif

- Le radical est **le même à toutes les personnes** : *je* ***pens****ai, nous* ***pens****âmes ; je* ***grand****is, nous* ***grand****îmes ; je* ***v****is, nous* ***v****îmes ; je* ***cr****us, nous* ***cr****ûmes.*
- Les terminaisons (marques de temps et de personne) varient selon les verbes :

Attention à l'accent circonflexe aux 1re et 2e personnes du pluriel.

Verbes du 1er groupe	Verbes du 2e groupe	Verbes du 3e groupe		
a	i	i	u	in
je pensai	*je* grandis	*je* rendis	*je* crus	*je* vins
tu pensas	*tu* grandis	*tu* rendis	*tu* crus	*tu* vins
il pensa	*il* grandit	*il* rendit	*il* crut	*il* vint
nous pensâmes	*nous* grandîmes	*nous* rendîmes	*nous* crûmes	*nous* vînmes
vous pensâtes	*vous* grandîtes	*vous* rendîtes	*vous* crûtes	*vous* vîntes
ils pensèrent	*ils* grandirent	*ils* rendirent	*ils* crurent	*ils* vinrent

8 **Rayez l'intrus dans chaque liste.**

1. il promit • il définit • il plie • il remit • il mordit

2. tu sus • tu bus • tu voulus • tu remues

3. je tentai • je lirai • je liai • je décorai

4. j'allai • je portai • je secouais • je perçai

9 **Complétez les radicaux à l'aide des terminaisons suivantes :** *-ai, -urent, -âmes, -îtes, -us, -it, -irent, -ut.*

je véc .... • elle cr .... • j'arrêt .... • ils ment ....

il jaun .... • nous mont .... • ils l .... • vous v ....

10 **Transposez ces verbes au passé simple à la personne du pluriel correspondante.**

1. je voulus .... **2.** il cria .... **3.** tu finis ....

4. elle prit .... **5.** je retins .... **6.** tu agitas ....

7. je fis .... **8.** elle courut .... **9.** elle revint ....

11 **Complétez le tableau en conjuguant les verbes au passé simple de l'indicatif.**

aller	avoir	être	plaire	servir
j'	*j'*	*je*	*je*	*je* ....
tu	*tu*	*tu*	*tu*	*tu* ....
il	*il*	*il*	*il*	*il* ....
nous	*nous*	*nous*	*nous*	*nous* ....
vous	*vous*	*vous*	*vous*	*vous* ....
elles	*elles*	*elles*	*elles*	*elles* ....

12 **a. Reliez chaque verbe au passé simple au verbe à l'infinitif qui correspond.**
b. Ajoutez le pronom personnel qui convient.

.... crut •		• crier
.... cria •		• faire
.... put •		• pouvoir
.... pua •		• être
.... fit •		• croire
.... fut •		• puer

Écouter la leçon
hachette-clic.fr/22fl5c062

Les emplois de l'imparfait et du passé simple

L'imparfait de l'indicatif s'emploie pour exprimer

- des **actions répétées ou habituelles** : *Les chevaliers se **réunissaient** tous les ans.*
- une **description, une action de second plan** : *Le château **dominait** la vallée.*
- des **actions passées inachevées, en cours de déroulement** : *Il **marchait** à grands pas.*

Le passé simple s'emploie pour exprimer

- des actions, des faits **ponctuels** ou **inhabituels** : *Ce jour-là, le roi **adouba** Perceval.*
- des **actions importantes, de premier plan** : *Ils montaient la garde quand le roi **arriva**.*
- des actions, longues ou brèves, achevées, **situées dans des limites précises** : *Il **régna** vingt ans.*

13 **a. Précisez le temps de l'indicatif employé. b. Rayez les réponses erronées.**

1. Elle sortit (.............................. – *action de premier plan / action située dans des limites précises*) un objet métallique qui ressemblait (.............................. – *habitude / description*) à une petite canne.

2. Charley sentait (.............................. – *description / action passée inachevée*) confusément qu'il se passait quelque chose (.............................. – *action passée inachevée / habitude*) de vital sous ses yeux.

3. Charley interrompait (.............................. – *action passée inachevée / habitude*) la jeune fille chaque fois qu'il ne comprenait plus (.............................. – *habitude / action de second plan*).

Danielle Martinigol, *Les Oubliés de Vulcain*, © Livre de poche jeunesse, 2001.

14 **Précisez l'emploi de l'imparfait dans chacune de ces phrases.**

1. Chaque matin, il sortait son chien à huit heures. ....

2. Au loin, la mer scintillait et les petites voiles des bateaux dansaient sur les flots. ....

3. La famille dînait dans la cuisine. ....

4. Il prit la tête du cortège qui avançait lentement. ....

5. Lorsque les chevaliers combattaient en tournoi, ils portaient les couleurs de leur dame. ....

6. Les traits de ce jeune chevalier étaient doux ; son visage était encadré de cheveux blonds qui flottaient au vent. ....

15 **Précisez le temps de chaque verbe et l'emploi de ce temps.**

Le monarque priait (..) tous les jours pour sa fille car il était (.................... ....) dans la plus grande inquiétude sur son état. Le retour des deux messagers lui rendit (...) l'espérance, et il les fit (.................................. ....) entrer aussitôt pour connaître le résultat de leurs recherches. Ceux-ci racontèrent (...) leur aventure et lui présentèrent (...) l'homme bizarre qu'ils lui amenaient (..).

16 **Complétez les phrases en mettant les verbes au temps de l'indicatif qui convient : imparfait ou passé simple.**

Soudain une agitation (*régner*) .... dans la foule car un sang vermeil (*se mettre*) .... à couler du cadavre. Cela (*prouver*) .... que le meurtrier (*être*) .... dans la pièce. Les gens (*chercher*) .... partout, inlassablement. Ils (*crier*) .... de plus belle à chaque fois que les plaies (*se rouvrir*) ....

D'après Chrétien de Troyes, *Yvain ou le Chevalier au lion*, XIIe s.

17 **Récrivez ce récit au passé en mettant les verbes au temps simple de l'indicatif qui convient.**

Le roi (*arriver*) et (*demander*) au baron félon de renoncer à ses ruses. Il lui (*promettre*) qu'il n'irait pas en enfer. Ce jour-là, le baron ne (*vouloir*) pas s'opposer au roi. Le roi et sa cour se (*tenir*) dans la vallée quand le félon (*parvenir*) en haut d'un rocher qui la (*surplomber*).

....

....

....

18 **Récrivez ce récit au passé en mettant les verbes au temps simple de l'indicatif qui convient.**

Ils jardinent, abattent de la besogne et rivalisent d'ardeur. Soudain, au moment où il s'y attend le moins [...], Poil de Carotte reçoit un coup de pioche en plein front. Quelques instants après, il faut transporter, coucher avec précaution, sur le lit, grand frère Félix qui vient de se trouver mal à la vue du sang de son petit frère.

Jules Romains, *Poil de Carotte*, 1894.

....

....

....

....

....

19 **Je rédige**

Poursuivez le récit de l'exercice 18 en employant des verbes au passé simple et à l'imparfait.

Relisez-vous en soulignant les verbes pour vérifier leur conjugaison et pour vous assurer que vous avez choisi le temps qui convient.

....

....

....

....

29 Le participe passé

Écouter la leçon
hachette-clic.fr/22fl5c063

- **Un participe passé est une forme verbale.**
- Il sert à **former les temps composés** des verbes à l'aide de l'auxiliaire *avoir* ou *être* selon les verbes : *j'ai **dansé**, je suis **venu(e)**, il avait **pris**.*
- Il sert à **former la voix passive** à l'aide de l'auxiliaire *être* (voir leçon 25). *il est **reçu**, elles étaient **applaudies***
- Le participe passé peut être **employé comme adjectif** (voir leçons 9 et 12).
- Les **terminaisons** du participe passé au **masculin singulier** sont :
  – *é* : verbes du 1er groupe et aller : *chanté, allé*
  – *i* : verbes du 2e groupe : *fini*
  – *i, -u, -is, -it* : verbes du 3e groupe : *sorti, venu, pris, conduit*
- Les participes passés prennent la marque du **féminin** et celle du **pluriel**.

★ 1 Puisez dans la valise le participe passé qui convient à chaque verbe.

flécher : .... partir : .... entendre : ....
défier : .... cueillir : .... dédier : ....
fléchir : .... ravir : .... parvenir : ....

★ 2 Rayez les formes verbales qui ne sont pas des participes passés.

partit • paru • gémit • certifié • blanchi • allée • connut • assuré

★★ 3 Formez au masculin singulier les participes passés de ces verbes du 3e groupe.

assortir : .... • rendre : .... • accueillir : .... • poursuivre : ....
parcourir : .... • surprendre : .... • réduire : ....

★★ 4 Complétez les groupes nominaux avec les participes formés dans l'exercice 3.

des animaux .... • une tenue .... avec goût • des chemins .... • un enfant .... par cette nouvelle • des portions .... • des spectacles bien .... par le public

★★ 5 Récrivez ces phrases au passé composé.

Le participe passé sera écrit au masculin singulier.

1. Il joue à merveille de la cithare. ....
2. Ils discutent âprement. ....
3. Elles savent parfaitement leur rôle. ....
4. Nous agissons avec ardeur. ....
5. Vous tenez à venir. ....
6. Elle comprend la situation. ....

6 Je rédige

Racontez au passé composé une scène d'action de votre choix en employant trois participes passés de l'exercice 1.

30 Les temps composés de l'indicatif et leurs emplois

Écouter la leçon
hachette-clic.fr/22fl5c064

Les temps composés de l'indicatif

Les quatre temps composés de l'indicatif sont

- le **passé composé**
- le **plus-que-parfait**
- le **passé antérieur**
- le **futur antérieur**

- Ils se forment avec un **auxiliaire** (*avoir* ou *être*) et le **participe passé** du verbe.
- Le temps de l'auxiliaire indique de quel temps composé il s'agit :
  *j'***ai marché** (ai : présent) → passé composé ;
  *j'***avais marché** (avais : imparfait) → plus-que-parfait ;
  *j'***eus marché** (eus : passé simple) → passé antérieur ;
  *j'***aurai marché** (aurai : futur) → futur antérieur.
- Le **participe passé** permet de déterminer l'**infinitif** du verbe lorsque ce dernier est conjugué à un temps composé.
  Il était ***parti****.* verbe au plus-que-parfait ; parti → verbe *partir*

Accordez le participe passé avec le sujet si le verbe est conjugué avec l'auxiliaire *être* (voir leçon 37).

★ 1 **a. Soulignez les auxiliaires et indiquez entre parenthèses l'infinitif du verbe. b. Entourez les verbes conjugués avec l'auxiliaire *être*.**

tu eus accordé (..) • il a prétendu (..)

j'aurai prédit (..) • nous avons conduit (..)

elle est sortie (..) • ils seront descendus (..)

★ 2 **Lequel de ces verbes se conjugue différemment des autres aux temps composés de l'indicatif :**
marcher • progresser • partir • conduire • avancer • atteindre ?

....

★ 3 **a. Soulignez les verbes conjugués à un temps composé et indiquez leur infinitif.**

Giuseppe avait parlé au duc. Ensuite il avait raconté à Cosimo que je l'avais trahi. Cosimo avait envoyé Piero chercher mon père, et quand j'étais rentré avec Donato il avait confié une course à mon maître pour se débarrasser de moi. Tout était clair.

D'après Pilar Molina Llorente, *Le Petit Peintre de Florence*, © Le Livre de Poche Jeunesse, 2002.

....

b. Entourez le sujet avec lequel s'accorde le participe passé du verbe conjugué avec l'auxiliaire *être* : le récit est-il fait par un narrateur ? ☐ une narratrice ? ☐

Écouter la leçon
hachette-clic.fr/22fl5c065

Le passé composé

- Il se forme avec l'**auxiliaire *avoir*** ou ***être*** au **présent** et le **participe passé** : *j'ai dit, je suis venu(e).*
- Il exprime une **action passée, achevée, antérieure** (qui se passe avant) à une autre **action exprimée au présent** : *Il sait que son ami l'****a trahi****.*
- Il **remplace le passé simple** dans un récit de niveau de langue courant (à l'oral, dans la presse) : *L'équipe de France* ***a gagné*** *tous ses derniers matchs.*

4 **Conjuguez au passé composé les verbes *partir* et *marcher*.**

je .... parti(e) et j' .... marché • nous .... parti(e)s et nous .... marché

tu .... parti(e) et tu .... marché • vous .... parti(e)s et vous .... marché

elle .... partie et elle .... marché • elles .... parties et elles .... marché

5 **Transposez les verbes au passé composé.**

je mens → .... • tu approvisionnes → ....

• nous marchandons → .... • vous entendez → ....

6 **a. Soulignez les verbes conjugués au passé composé.**

« Figure-toi que j'ai lancé un défi au duc du Maine.

– Mordieu ! Tu plaisantes ?

– Écoute la suite. Il y a quelques jours à Paris, j'ai croisé son chemin et j'ai passé la tête par la fenêtre de son carrosse. Il m'a sévèrement renvoyé à mes savates, et moi, d'une cinglante réplique, à ses dentelles. »

Arthur Ténor, *Jeux de surprises à la cour du Roi-Soleil*, © Éditions Gallimard Jeunesse, 2001.

b. Quel est l'emploi du passé composé dans ce texte ? ....

....

Le plus-que-parfait

Écouter la leçon
hachette-clic.fr/22fl5c066

- Il se forme avec l'**auxiliaire *avoir*** ou ***être*** à l'**imparfait** et le **participe passé**.
- Il exprime une **action antérieure** à une autre **action exprimée à l'imparfait** ou au **passé simple.**
*Il savait (Il sut) que son ami **l'avait trahi**.*

7 **Conjuguez au plus-que-parfait les verbes *saluer* et *partir*.**

j' .... salué et j' .... parti(e) • nous .... salué et nous .... parti(e)s

tu .... salué et tu .... parti(e) • vous .... salué et vous .... parti(e)s

elle .... salué et elle .... partie • elles .... salué et elles .... parties

8 **a. Conjuguez les verbes à l'imparfait, au passé simple ou au plus-que-parfait. b. Soulignez les verbes au plus-que-parfait.**

Le duc du Maine (*être*) .... assis à la droite du roi. Le cœur de Jocelyn (*se mettre*) .... à battre plus vite lorsque leurs regards (*se croiser*) .... Il (*ne pas encore remarquer*) .... la présence de Mathilde qui (*recevoir*) .... la même convocation que lui.

Arthur Ténor, *Jeux de surprises à la cour du Roi-Soleil*, © Gallimard Jeunesse, 2001.

Je découvre

9 **a. Indiquez l'infinitif des quatre verbes des séries A et B.** ....

A. *elle* nagea • *elles* agirent • *tu* reçus • *je* partis

B. *elle* eut nagé • *elles* eurent agi • *tu* eus reçu • *je* fus parti(e)

b. À quel temps de l'indicatif les verbes de la série A sont-ils conjugués ? ....

c. Comment les verbes de la série B sont-ils composés ?

....

Écouter la leçon
hachette-clic.fr/22f5c067

Le passé antérieur

- Il se forme avec l'**auxiliaire *avoir*** ou ***être*** au **passé simple** et le **participe passé**.
- Il exprime une **action antérieure** à une autre **action exprimée au passé simple**.
Il entra dès qu'on lui ***eut donné*** *la permission de le faire.*

★10 Conjuguez au passé antérieur les verbes *voyager* et *revenir*.

j' .... voyagé et je .... revenu(e) • nous .... et nous ....
elle .... et elle .... • elles .... et elles ....

★★11 a. Conjuguez les verbes entre parenthèses au passé simple ou au passé antérieur. b. Soulignez les passés antérieurs.

1. Lorsque l'écuyer (*panser*) .... le cheval, il l'(*amener*) .... au chevalier.
2. Après que le jongleur (*jouer*) .... de la vielle, les seigneurs (*applaudir*) ....
3. Il (*sauter*) .... à terre dès qu'il (*voir*) .... le monstre.

Je découvre

★12 a. Indiquez l'infinitif des quatre verbes des séries A et B. ....

A. *elle* nagera • *elles* agiront • *tu* recevras • *je* partirai
B. *elle* aura nagé • *elles* auront agi • *tu* auras reçu • *je* serai parti(e)

b. À quel temps de l'indicatif les verbes de la série A sont-ils conjugués ? ....

c. Comment les verbes de la série B sont-ils composés ? ....

Écouter la leçon
hachette-clic.fr/22f5c068

Le futur antérieur

- Il se forme avec l'**auxiliaire *avoir*** ou ***être*** au **futur simple** et le **participe passé**.
- Il situe une action dans l'**avenir** en la plaçant **avant une autre action exprimée au futur simple**.
Il entrera dès qu'on lui ***aura donné*** *la permission de le faire.*

★13 Conjuguez au futur antérieur les verbes *voyager* et *revenir*.

j' .... voyagé et je .... revenu(e) • nous .... voyagé et nous .... revenu(e)s
elle .... voyagé et elle .... revenue • tu .... voyagé et tu .... revenu(e)
vous .... voyagé et vous .... revenu(e)s • ils .... voyagé et ils .... revenus

★★14 a. Récrivez les phrases de l'exercice 11 en conjuguant les verbes entre parenthèses au futur simple ou au futur antérieur. b. Soulignez les futurs antérieurs.

....
....
....

★★15 Conjuguez chaque verbe aux quatre temps composés de l'indicatif à la personne indiquée.

recevoir : tu ...., tu ...., tu ...., tu ....
devenir : elle ...., elle ...., elle ...., elle ....

31 Le présent du conditionnel et ses emplois

Écouter la leçon
hachette-clic.fr/22fl5c069

- Le **présent du conditionnel** est formé du **futur simple** (**radical + marque de temps**) et des **terminaisons** de **l'imparfait** : *-ais*, *-ais*, *-ait*, *-ions*, *-iez*, *-aient*.
je parlerais, tu aurais, il finirait, nous dirions, vous seriez, ils parviendraient

✶ 1 Rayez l'intrus dans chaque liste.

1. je dirais – je partirais – j'interviendrais – je voudrais – je pourrai – je dépendrais
2. il combattrait – elle naviguerait – il réagirait – elle rougirait – il adoptait
3. nous irions – nous saurions – nous serrions – nous serions – nous finirions

✶ 2 Indiquez entre parenthèses l'infinitif de chaque verbe conjugué au présent du conditionnel.

- je lirais (.....................................)
- je lierais (.....................................)
- tu vaudrais (.....................................)
- tu permettrais (.....................................)
- ils mourraient (.....................................)
- elle parviendrait (.....................................)
- vous tiendriez (.....................................)
- nous courrions (.....................................)

✶ 3 Transposez ces verbes en les conjuguant au présent du conditionnel.

j'aurai → ....
nous dirons → ....
tu gémiras → ....
il criera → ....
vous boirez → ....
ils naîtront → ....

✶✶ 4 Transposez ces verbes en les conjuguant au présent du conditionnel.

j'étais → ....
elle faisait → ....
nous écoutions → ....
ils allaient → ....
tu apprenais → ....
vous bâtissiez → ....

✶✶ 5 Conjuguez chaque verbe à la personne indiquée, au présent du conditionnel.

infliger : j'..
gémir : tu ....
parvenir : elle ....
être : je ....
boire : je ....
falloir : il ....

6 **Écrivez les verbes entre parenthèses au présent du conditionnel.**

1. Si c'était possible, j'(*aimer*) .... partir avec une bande d'amis.

2. Je (*préparer*) .... un sac à dos.

3. Mes amis (*faire*) .... de même, et tous ensemble,

nous (*partir*) .... sur les routes.

Je découvre

7 **a. Entourez les numéros des phrases qui livrent des informations incertaines.**

1. Cette fusée pourrait atteindre Mars.
2. Le cyclone atteindra la côte demain.
3. Un vaccin a été découvert.
4. Ce voyage vaudrait vraiment la peine.
5. Cette information serait fausse.

b. Soulignez-en les verbes : à quel mode sont-ils conjugués ? ....

8 **a. Dans quelle phrase ci-dessous l'ordre est-il formulé de façon polie ?** ....

1. Viens vite. **2.** Pourrais-tu venir ?

b. Quel est le mode du verbe de cette phrase ? ....

9 **a. À quel mode le verbe *gagner* est-il conjugué dans la phrase 2 ?** ....

1. Elle gagnera ce concours de chant
2. Si elle travaillait régulièrement, elle gagnerait ce concours de chant.

b. Dans quelle phrase l'obtention de la médaille est-elle soumise à une condition ? ....

- Le présent du conditionnel **nuance un propos** pour :
  – **livrer une information dont on n'est pas certain, exprimer un doute** ;
  cet emploi est fréquent dans la presse ;
  *Un ouragan **menacerait** la région.*
  – **exprimer poliment** une demande, un ordre, une défense, faire une suggestion.
  ***Feriez**-vous cela pour moi ? Vous **pourriez** procéder de la sorte.*
- Le présent du conditionnel **exprime un souhait, une hypothèse, une éventualité, un regret**.
  *J'**aimerais** devenir astronaute. Je **pourrais** peut-être devenir chirurgienne.*
  L'action exprimée au conditionnel présent **peut être soumise à une condition** formulée à l'imparfait.
  *S'il cessait de pleuvoir, nous **pourrions** faire une promenade.*

Écouter la leçon
hachette-clic.fr/22fl5c070

10 **Soulignez les verbes conjugués au présent du conditionnel et rayez les réponses erronées.**

1. Selon certains, on verrait bientôt la fin du monde. (*souhait / information incertaine*)
2. Accepteriez-vous de m'accompagner ? (*demande polie / information incertaine*)
3. Peut-être, avec un peu de chance, serais-je le Christophe Colomb des temps modernes. (*regret / éventualité*)
4. Pourriez-vous ne pas crier ainsi ! (*hypothèse / ordre poli*)
5. Si chacun y mettait du sien, on pourrait lutter contre le réchauffement climatique. (*action soumise à une condition / information incertaine*)

11) Indiquez pour chaque phrase ce qu'exprime le présent du conditionnel.

1. Dîneriez-vous avec nous ? ………… **2.** Je voudrais faire ce voyage. ………… **3.** Si le temps le permettait, nous entreprendrions l'ascension de la montagne. ………… **4.** Vous devriez voir cette pièce. ………… **5.** L'avalanche de ce matin serait meurtrière. ………… **6.** Pourriez-vous vous taire ? …………

12) Complétez ces phrases en employant un verbe au présent du conditionnel.

1. Si j'étais toi, je ………… ce pull plutôt que celui-là.

2. Si ses performances s'amélioraient, il ………… envisager une médaille.

3. Si vous regardiez une carte, vous ………… votre chemin.

4. Si Alya le voulait, elle ………… vite l'anglais.

5. Si nous allions sur Mars, nous ………… peut-être une forme de vie.

13) a. Soulignez les verbes au présent du conditionnel.

Poil de Carotte aimerait ne pas sortir. Il faudrait que sa mère le ménage. Pourrait-il être épaulé par son frère et sa sœur ? Serait-ce vraiment possible ? Sa vie deviendrait si belle alors !

b. Classez ces verbes selon leur emploi.

A. souhait : …………

B. éventualité : …………

C. doute : …………

14) Complétez ces phrases en employant un verbe conjugué au présent du conditionnel.

1. Si une tempête survenait, …………

2. Si le gamin n'était pas aussi gentil, …………

3. Si l'écuyer ne préparait pas l'armure, …………

4. Si je ne déménageais pas, …………

15) Je rédige

Pour chaque dessin, imaginez une phrase qui comporte un verbe conjugué au conditionnel présent.

…………

32 Le présent de l'impératif et ses emplois

Écouter la leçon
hachette-clic.fr/22fl5c071

- L'**impératif** sert à exprimer un **ordre**, une **défense**, un **conseil** :
*Fais ton travail. Ne **pars** pas. **Prends** plutôt ce gâteau.*
- Le **mode impératif** se caractérise par **l'absence de sujet exprimé**.
Il ne comporte que **trois personnes** : 2e personne du singulier, 1re et 2e personnes du pluriel.
- Les formes de l'impératif présent sont **semblables** à celles du **présent de l'indicatif** : *prends, prenons, prenez.*
Attention ! Les verbes du **1er groupe** et les **verbes *avoir, cueillir, offrir, savoir***, se terminent par ***-e*** à la **2e personne du singulier** : *chante, aie, cueille, offre, sache.*

Les verbes du 1er groupe et ***offrir, cueillir, aller***, prennent un « s » à la **2e personne du singulier** s'ils sont suivis de « en » ou de « y » : *Offres-en, vas-y* (Attention ! *va-t'en*).

★ 1 Complétez ces conjugaisons aux personnes manquantes.

a. ...., rangeons, ...
b. ...., ..., saisissez
c. ...., recueillons, ...
d. comprends, ..., ...
e. ...., dormons, ...
f. ...., ..., sachez.

★★ 2 a. Complétez ces formes verbales conjuguées à l'impératif présent.
b. Indiquez s'il s'agit d'un ordre, d'une défense ou d'un conseil.

1. Ne march........ pas sur la pelouse. (.............................) **2.** Prépar.......... ton exposé. (.............................)
3. Fini....... tranquillement ton repas. (.......................) **4.** Pren....... soin de vous échauffer. (.....................)
5. Ne fais........... pas de propositions inutiles. (.............................) **6.** Rang........ les livres ! (.........................)

★ 3 Récrivez les phrases 5 et 6 de l'exercice 2 en employant la 2e personne du singulier.

....

★ 4 Récrivez ces phrases en employant l'impératif présent.

1. Tu poses ton blouson et tu ranges ton sac. ....
2. Tu observes les fleurs et tu en cueilles. ....
3. Nous avons de l'audace. ....
4. Vous faites attention. ....

★ 5 a. Récrivez ces phrases à l'impératif présent. b. Notez leur emploi : ordre • défense • conseil.

1. Tu lances ce projet et tu y penses souvent. ....
2. Vous viendrez et vous prendrez la parole ! ....
3. Nous ne sommes pas timides. ....

6 Je rédige

Votre meilleur(e) ami(e) prépare une fête.
Donnez-lui des conseils d'organisation et de décoration.

Employez des verbes à l'impératif, que vous soulignerez.

....
....
....

33 Le présent du subjonctif et ses emplois

Je découvre

1 **a. Rangez dans l'ordre des personnes ces formes verbales conjuguées au présent du subjonctif, dans la pancarte qui convient :** (que) tu finisses • (que) je joue • (qu') ils grandissent • (que) nous pâlissions • (qu')elles disent • (que) tu déranges • (que) vous fassiez• (qu') il crie • (qu') elle investisse • (que) nous coupions • (que) nous prenions • (que) vous régniez • (que) je dorme • (qu')elles lancent • (que) vous gémissiez • (que) je réagisse • (que) tu viennes • (qu') il coure.

Verbes du 1er groupe	Verbes du 2e groupe	Verbes du 3e groupe
....	....	....
....	....	....
....	....	....
....	....	....
....	....	....
....	....	....

b. Quel est le radical de *je réagisse* ? .... **: quel temps de l'indicatif présente ce radical à toutes les personnes ?** ....

c. Recopiez les marques de personne des verbes du 1er groupe : ....

d. Comparez ces marques de personne à celles des autres verbes du tableau : varient-elles d'un groupe à l'autre ? OUI ☐ NON ☐

2 **Placez dans chaque bannière la lettre de la phrase qui lui correspond.**

A. Je doute que tu **dormes**. **B.** **Puisses**-tu avoir raison ! **C.** Qu'il **sorte** immédiatement ! **D.** Nous venons pour que tu **puisses** te reposer. **E.** J'aimerais que tu **puisses** te reposer.

- ◯ Expression d'un ordre
- ◯ Expression d'un souhait
- ◯ Emploi après un verbe de sentiment
- ◯ Emploi après un verbe de doute
- ◯ Emploi dans une proposition subordonnée circonstancielle

Écouter la leçon
hachette-clic.fr/22fl5c072

- Au **présent du subjonctif**, tous les verbes ont **les mêmes marques de personne** :
-e, *-es*, *-e*, *-ions*, *-iez*, *-ent* : *(qu') il aime, (qu') il finisse, (qu') il coure, (qu') il puisse*
Exceptions : *être* : *(que/qu')* ***je sois, tu sois, il soit, nous soyons, vous soyez, ils soient***
avoir : *(que/qu')* ***j'aie, tu aies, il ait, nous ayons, vous ayez, ils aient***

On présente habituellement la conjugaison du subjonctif en faisant précéder le verbe de la conjonction « que ».

3 **Complétez chaque radical avec la marque de personne qui convient.**

(que) nous plant........ • (que) vous agiss........ • (que) tu demand........
(qu') il convienn........ • (qu') ils sach........ • (qu') il vaill........ • (qu') il plais........
(que) tu cour .... • (que) nous ri........ • (qu') il soi........ • (que) tu ai........

4 **Soulignez les verbes conjugués au présent du subjonctif et entourez la marque de personne.**

Magellan souhaite que son discours convainque le roi Charles Ier et que son voyage puisse avoir lieu.

« Sire, dit-il, que Votre Majesté me permette d'exposer notre expédition. Puisse Dieu m'accorder sa grâce et je me conduirai toujours comme un chevalier des mers.

– Qu'entendez-vous par là ? demande le roi.

– J'aimerais que nos caravelles soient pleines d'épices à notre retour, mais je veux avant tout que notre voyage serve Dieu et son Église. »

D'après Gérard Soncarrieu, *Le Premier Tour du monde*, © Le Livre de Poche Jeunesse, 2003.

Les radicaux du présent du subjonctif

Écouter la leçon
hachette-clic.fr/22fl5c073

- Pour les verbes du **1er groupe,** le radical est identique au **radical de l'infinitif** : *marcher → que je marche*
- Pour les verbes du **2e groupe,** le radical est identique à celui de l'**imparfait de l'indicatif** : *je finissais → (que) je finisse.*
- Pour les verbes du **3e groupe,** le radical diffère souvent du radical de l'infinitif ; les **1re et 2e personnes du pluriel** peuvent avoir un **radical différent** de celui des autres personnes : *boire → (que) je boive, (que) nous buvions.*

Les verbes *appeler, jeter* et leurs composés, et les verbes en *-yer* font exception (voir leçon 34) : *appeler, que j'appelle / jeter, que je jette / envoyer, que j'envoie*

5 **a. Recopiez ces radicaux de présent du subjonctif à côté de l'infinitif qui leur correspond. Attention, plusieurs réponses sont parfois possibles.**

prenn- • peign- • pren- • pend- • ten- • tend- • tienn- • teign- • meuv- • meur- • mour- • mouv-

prendre : .... pendre : .... peindre : ....

peigner : .... tenir : .... tendre : ....

teindre : .... mourir : .... mouvoir : ....

b. Conjuguez les verbes au présent du subjonctif, à la personne demandée.

tenir : que je .... tendre : qu'il .... teindre : que nous ....

peindre : que vous .... pendre : que tu .... prendre : qu'ils ....

6 **Conjuguez les verbes entre parenthèses au présent du subjonctif.**

1. Il faut que tu (*faire*) .... attention à tes affaires. **2.** Je veux qu'il (*savoir*) .... sa leçon.

3. Qu'il (*attendre*) .... dans la salle des gardes. **4.** (*Pouvoir*) ....-tu avoir raison !

5. Le professeur s'affaire pour que tous les élèves (*être*) .... en mesure de participer au projet.

Les emplois du subjonctif

Écouter la leçon
hachette-clic.fr/22fl5c074

- Le subjonctif peut exprimer **l'ordre** (« *Qu'il sorte.* ») ou **le souhait** (*Puisses-tu venir !*).
- On le trouve après certaines conjonctions dans des **propositions subordonnées circonstancielles** de :
  – **but** : *pour que, afin que… : Il crie pour qu'on l'**entende**.*
  – **temps** : *avant que, jusqu'à ce que… : Il chante jusqu'à ce qu'elle **s'endorme**.*
- On l'emploie dans des **propositions subordonnées conjonctives COD** après des verbes de :
  – **volonté, souhait** : *Je veux [que tu **dises** ton opinion].*
  – **doute** : *Je doute [que tu **saches** écouter les autres].*
  – **sentiment** : *J'aimerais [que tu **dises** ton opinion].*

7 a. Soulignez les verbes conjugués au présent du subjonctif. b. Rayez les emplois erronés.

1. Jusqu'à ce que le bateau parte, l'armateur s'affaire dans le port. (*subordonnée de but / de temps*) 2. Pour que les marchandises ne pourrissent pas, on les range dans un lieu sec. (*subordonnée de but / de temps*) 3. Le capitaine veut que les marins fassent toutes les vérifications nécessaires. (*expression de l'ordre / emploi après un verbe de volonté*) 4. Chacun craint que la caravelle n'atteigne pas le Nouveau Monde. (*emploi après un verbe de volonté / de sentiment*)

8 a. Soulignez les verbes au présent du subjonctif et séparez le radical de la marque de personne. b. Indiquez de quel verbe il s'agit. c. Précisez l'emploi de chaque subjonctif.

1. Pour qu'Iseut ne meure pas de faim, Tristan fabrique un arc. (................../..................................)
2. Tristan craint que le gibier ne suffise pas à leur nourriture. (............................/................................ ....) 3. Avant que le félon ne découvre les amants, le fidèle Governal l'a tué. (../ ....) 4. Il veut que le forestier lui fasse un récit fidèle. (............................../ ....)

9 Complétez ces phrases avec des verbes conjugués au présent du subjonctif.

1. Le voleur ruse pour qu'on ne.. pas ses méfaits.
2. Le président dit à l'assemblée : « Que chacun .... la parole ! »
3. Le professeur veut que nous .... une scène de la pièce.
4. Ma mère me surveille jusqu'à ce que je .... mon devoir.
5. Avec cette pluie, je doute que nous .... jouer au tennis.

10 Complétez ces phrases en employant des verbes conjugués au présent du subjonctif, que vous soulignerez.

1. Le match s'enlise jusqu'à ce que ....
2. L'entraîneur stimule les athlètes pour qu' ....
3. Mes parents aimeraient que je ....
4. Le président de la compétition déclare : « Que ....

11 Je rédige

Exprimez trois souhaits pour l'aménagement de votre quartier ou de votre village.

Vos phrases commenceront par « *J'aimerais que…, Je voudrais que…, Je souhaiterais que…* »

....

....

....

....

....

....

....

34 Verbes irréguliers fréquents du 1er groupe

Écouter la leçon
hachette-clic.fr/22fl5c075

- Pour garder le son [s], les **verbes terminés par *-cer*** prennent une **cédille sous le *c*** lorsque la terminaison commence par un ***a*** ou un ***o*** : *je lance, vous lanciez, tu lanças, nous lançons.*

1 Conjuguez les verbes : a. au présent de l'indicatif ; b. à l'imparfait de l'indicatif.

(*influencer*) elle **a.** .... **b.** ....
(*pincer*) nous **a.** .... **b.** ....
(*tracer*) tu **a.** .... **b.** ....
(*prononcer*) je **a.** .... **b.** ....
(*rincer*) ils **a.** .... **b.** ....
(*devancer*) vous **a.** .... **b.** ....

- Pour garder le son [ʒ], les **verbes terminés par *-ger*** prennent un ***e* après le *g*** lorsque la terminaison commence par un ***a*** ou un ***o*** : *je mange, vous mangiez, tu mangeas, nous mangeons.*

2 Conjuguez les verbes à l'indicatif : a. au passé simple de l'indicatif ; b. au présent du conditionnel.

(*mélanger*) tu **a.** .... **b.** ....
(*exiger*) il **a.** .... **b.** ....
(*soulager*) nous **a.** .... **b.** ....
(*déranger*) je **a.** .... **b.** ....
(*arranger*) ils **a.** .... **b.** ....
(*longer*) vous **a.** .... **b.** ....

Écouter la leçon
hachette-clic.fr/22fl5c076

- Les **verbes** en ***-eler*** et ***-eter*** s'écrivent **è + un seul *l* ou *t*** devant un *e* muet : *il gèle, tu achètes*
- Les **verbes *appeler*, *jeter*** et leurs composés **doublent** le ***l*** et le ***t*** du radical devant un *e* muet. *j'appelle, j'appellerai, nous appelons, vous appelez ; je jette, je jetterai, nous jetons, vous jetez*

3 Conjuguez les verbes au mode, au temps et à la personne demandés.

a. acheter (indicatif, futur) : tu .... ; **b.** geler (subjonctif, présent) : (qu') il ....
c. harceler (conditionnel, présent) : il .... ; **d.** acheter (impératif, présent), 2e p. sg : ....
e. rappeler (indicatif, présent) : ils .... **f.** rejeter (indicatif, futur) : vous ....

Écouter la leçon
hachette-clic.fr/22fl5c077

- Les **verbes terminés par *-oyer*** et **par *-uyer* changent le *y* en *i* devant un *e* muet** : *je nettoie, nous nettoyons ; j'essuie, nous essuyons.*
- Les **verbes terminés par *-ayer*** peuvent **conserver le *y* ou le changer en *i* devant un *e* muet** : *je paye* ou *je paie.*

4 Conjuguez les verbes au mode, au temps et à la personne demandés.

ennuyer (conditionnel, présent) : tu ....
employer (indicatif, futur) : il ....
payer (impératif, présent, 2e p. sg) : ....
balayer (indicatif, futur) : ....
tutoyer (indicatif, passé simple) : tu ....
essuyer (indicatif, présent) : elles ....

Je teste mes connaissances sur la conjugaison des verbes et l'emploi des temps

Exercices interactifs
hachette-clic.fr/22fl5c078

Entraînez-vous sur la conjugaison des verbes et l'emploi des temps grâce à des exercices interactifs.

Dictée préparée 1

Écouter la dictée
hachette-clic.fr/22fl5c116

Je prépare la dictée

1 Conjuguez les verbes à la personne et au temps de l'indicatif indiqués.

appeler *(plus-que-parfait)* : il ....
s'appeler *(présent)* : je m' ....
devenir *(plus-que-parfait)* : il ....
donner *(plus-que-parfait)* : il ....
être *(plus-que-parfait)* : il ....
se promener *(imparfait)* : il se ....
entendre *(passé simple)* : il ....
hésiter *(passé simple)* : il ....

2 Conjuguez le verbe « entendre » au subjonctif présent à la 3e personne du singulier :
qu' ....

3 Recopiez et retenez les mots et les groupes de mots suivants.

le cœur ....
le héros ....
la communauté ....
arrogant ....
la mare ....
vainement ....
la patte ....
sans arrêt ....
un appel au secours ....

J'écris la dictée

Titre : ....

....

Je corrige mes erreurs

Après correction en classe, rectifiez :

– les erreurs de conjugaison : ....
– les erreurs d'accord des verbes avec les groupes sujets : ....
– les erreurs d'orthographe lexicale : ....

Je développe mes compétences

Méthode 4

Raconter au passé

Dans un récit au passé, on emploie :

- **le passé simple** pour raconter des **actions importantes au premier plan**, des **actions ponctuelles, inhabituelles** ;
- **l'imparfait** pour exprimer des **actions de second plan**, des **descriptions**, des **actions habituelles ou répétées**.

Ce matin-là, il poussa une porte qui ***grinçait*** *comme toujours et qui* ***était*** *lourde.*

1 Observez le dessin et lisez le texte pour répondre aux questions.

Le château majestueux se découpait sur le ciel. **Le chevalier franchit le pont-levis.** Son chien le suivait à distance.

1. a. Quelle phrase correspond à l'arrière-plan du dessin ? ....

b. Que décrit-elle ? ....

c. À quel temps de l'indicatif le verbe est-il conjugué ? ....

2. a. Quelle phrase correspond au premier plan du dessin ? ....

b. À quel temps de l'indicatif le verbe de cette phrase est-il conjugué ? ....

....

3. Lisez la dernière phrase : a. par rapport à la phrase qui la précède, exprime-t-elle une action importante ou secondaire ? ....

b. À quel temps de l'indicatif le verbe est-il conjugué ? ....

2 En observant les deux couleurs, complétez le texte en conjuguant les verbes à l'imparfait ou au passé simple de l'indicatif.

Lancelot (*réussir*) .... enfin à parvenir au bout du pont. Alors il se (*rappeler*) .... les deux lions qu'il (*penser*) .... y avoir vus lorsqu'il se (*trouver*) .... sur l'autre rive. Il (*regarder*) .... attentivement : rien, pas un lézard, pas la moindre bête dangereuse. Il (*mettre*) .... la main à la hauteur de ses yeux et (*observer*) .... son anneau. Il (*avoir*) .... ainsi la preuve qu'il avait été victime d'un enchantement et qu'il n'y (*avoir*) .... là aucun être vivant.

D'après Chrétien de Troyes, *Lancelot ou le Chevalier à la charrette*, XIIe siècle.

J'évalue mes connaissances et mes compétences

Évaluation 4

Lancelot prisonnier de Méléagant

Un messager annonça à Méléagant le retour de Lancelot. À cette nouvelle, Méléagant convoqua des maçons et des charpentiers qui, de gré ou de force, obéirent à ses ordres. Il rassembla les meilleurs du pays et leur ordonna de bâtir une tour et d'unir leurs efforts pour l'édifier au plus vite. On amena la pierre par la mer. En effet, près de Gorre, un large bras de mer entourait une île que Méléagant connaissait. C'est là que sur son ordre on a extrait la pierre du sol et on a coupé les chevrons[1] pour construire la tour. En moins de cinquante-sept jours la tour fut terminée. Elle était très haute, énorme, avec des murs épais. Quand elle fut ainsi édifiée, Méléagant fit amener Lancelot et l'y enferma.

Puis il ordonna de murer les portes et fit jurer à tous les maçons que jamais de leur vie ils ne souffleraient mot de cette tour. Il voulait ainsi qu'elle reste ignorée. Pour seule ouverture il ne resta qu'une petite fenêtre. C'est là que Lancelot fut obligé de vivre et c'est par cette petite fenêtre qu'on lui donna chichement[2] à manger et encore avec difficulté à des heures prescrites[3] ainsi que l'avait ordonné cet infâme scélérat[4] de Méléagant.

Méléagant a donc ainsi réalisé tout ce qui lui tenait à cœur. Après quoi, sans perdre un instant, il file à la cour du roi Arthur où il arrive bientôt.

D'après Chrétien de Troyes,
Lancelot ou le Chevalier à la charrette, XIIe siècle.

1. pièces de bois soutenant la toiture. 2. en très faible quantité. 3. fixées à l'avance. 4. méprisable criminel.

Lecture et langue

1. **Dans le premier paragraphe : a. Soulignez de deux couleurs différentes les verbes conjugués à l'imparfait et au passé simple de l'indicatif à la voix active. b. Précisez l'emploi de chacun de ces temps dans ce passage.**

2. L. 10 à 16 : a. Relevez deux verbes à la voix passive.

b. Indiquez leur temps.

3. « soufflleraient » (l. 19) : analysez cette forme verbale.

4. a. Quels sont le mode et le temps de « reste » (l. 20) ?

b. Justifiez l'emploi de ce mode.

5. a. L. 27 à 30, relevez les verbes conjugués au présent de l'indicatif.

b. Expliquez l'emploi de ce temps.

6. Qu'est-ce qui caractérise le comportement de Méléagant ?

Écriture

Poursuivez le texte en imaginant ce que Méléagant peut dire au roi Arthur et la (les) réaction(s) de celui-ci.

Vous raconterez au passé en respectant ce que vous avez appris dans la Méthode 4, p. 84.

35 Les accords dans le groupe nominal

Écouter la leçon
hachette-clic.fr/22fl5c079

- Les **déterminants**, les **adjectifs**, les **participes passés** employés comme adjectifs **s'accordent en genre** et **en nombre** avec le **nom noyau** du groupe nominal :
*Au cours de [sa longue **expédition**], [le génial **Marco Polo**] visite [des **lieux** étranges].*
- Devant un **nom** ou un **adjectif féminin singulier** commençant par une **voyelle** ou un ***h* muet**, les déterminants possessifs ***ma, ta, sa*** deviennent ***mon, ton, son*** : *mon, ton, son envie ; mon, ton, son histoire.*
- Devant un **nom** ou un **adjectif masculin singulier** commençant par une **voyelle** ou un ***h* muet**, le déterminant démonstratif ***ce*** devient ***cet*** : ***cet** arbre, **cet** horrible château.*
- Devant un **adjectif pluriel**, le déterminant ***des*** devient ***de***, ou ***d'*** si l'adjectif commence par une **voyelle** ou un ***h* muet** : ***de** méchants enchanteurs, **d'**étranges créatures.*

✶ 1 Accordez les déterminants et les adjectifs avec les noms en gras.

1. (*ce*) expédition (*lointain*) et (*périlleux*) : ....

2. (*son*) (*extraordinaire*) découvertes (*récent*) : ....

3. (*un*) peuples (*fier*) et (*vaillant*) : ....

✶ 2 Transposez ces groupes nominaux au féminin.

1. le vieux lion fatigué : .... lionne ....

2. un chirurgien expérimenté et expert : une chirurgienne .... et ....

3. ce navigateur audacieux et très actif : cette navigatrice .... et très ....

✶ 3 a. Accordez le déterminant. b. Transposez le groupe nominal au pluriel.

1. (*son*) .... incroyable performance : ....

2. (*ce*) .... endroit maléfique et lugubre : ....

3. (*un*) .... impossible histoire ancienne : ....

Écouter la leçon
hachette-clic.fr/22fl5c080

- Si un **adjectif** ou un **participe passé** employé comme adjectif **qualifie plusieurs noms**, il se met au **pluriel** : *une forêt et une source ancienne**s** et caché**es**.*
- Si **l'un des noms** est au **masculin**, l'**adjectif** ou le **participe passé** employé comme adjectif se met au **masculin** : *une forêt et un lac anciens et cachés.*

✶ 4 Formez trois groupes nominaux en puisant un élément dans chaque liste.

Déterminants	Adjectifs	Noms
ses • de • cette	personnel • hardi • périlleux	marins • affaires • navigation

.... ; .... ; ....

✶ 5 Accordez les adjectifs et les participes passés.

une prairie et une pelouse (*fleuri*) .... une allure et une cadence (*vif*) ....

une route et un chemin (*droit*) .... une souris et un rat (*craintif*) ....

Écouter la leçon
hachette-clic.fr/22fl5c081

- Les **adjectifs de couleur** s'accordent en genre et en nombre avec le nom qu'ils qualifient : *une étoffe verte, des tissus verts*.
- Ils restent **invariables** s'ils sont **composés de deux mots** (*une étoffe vert clair*) ou s'ils sont, à l'origine, **des noms** (*des étoffes marron*).

★ 6 Accordez les adjectifs entre parenthèses.

1. Il découvre des maisons (*blanc*) .... aux toits (*rouge*) .... et aux volets (*vert*) ....

2. Le marchand étale des étoffes (*violet*) .... , (*jaune*) .... , (*orangé*) ....

3. Il porte des chaussures (*gris*) .... et des gants (*noir*) ....

★ 7 Accordez si nécessaire les adjectifs entre parenthèses.

1. Des nœuds (*rose pâle*) .... ornent leurs robes (*ivoire*) ....

2. Des rubans (*doré*) .... et (*crème*) .... ornent le sapin.

3. Des guirlandes (*vert bouteille*) .... et (*pourpre*) .... se balancent.

4. Des bougeoirs (*gris foncé*) .... sont posés sur des nappes (*jaune paille*) .... et (*orangé*) ....

★★ 8 Remplacez chaque nom en gras par celui proposé entre parenthèses et récrivez le groupe nominal.

1. un vieux tablier noir et troué (*serviettes*) : ....

2. cette curieuse valise mauve (*sacs*) : ....

3. mes nouveaux chevaux blancs (*chemise*) : ....

4. une ancienne assiette vert pomme (*bols*) : ....

★★ 9 a. Dans chaque groupe nominal entre crochets, soulignez le (ou les) nom(s) noyau(x). b. Recopiez le texte en faisant les accords nécessaires.

[Le chevalier et la dame (*amoureux*)] parcoururent [(*un*) (*long*) chemins (*protégé*)] sur [(*leur*) (*puissant*) chevaux (*noir ébène*)]. Renaud cueillit [(*un*) (*merveilleux*) fleurs (*bleu*)] aux [feuilles (*vert foncé*)] et les offrit à [(*le*) (*beau*) comtesse (*ravi*)].

D'après Jacob et Wilhelm Grimm, « Hansel et Gretel », *Contes*, 1812.

....
....
....
....
....
....
....

36 Les accords du verbe avec le groupe sujet

Les accords simples du verbe avec le groupe sujet

Écouter la leçon
hachette-clic.fr/22fl5c082

- Le verbe s'accorde toujours avec son sujet, en personne et en nombre, quelle que soit la place du groupe sujet :
Les chevaliers, venus de tout le pays, saluent le roi, dit le conteur.

Pour trouver le groupe sujet, posez la question « Qui ? » ou « Qu'est-ce qui ? » avant le verbe ou tentez d'encadrer le groupe sujet par « c'est ... qui » ou « ce sont ... qui ».

★ 1 Récrivez ces phrases en remplaçant : a. *il* par *je* ; b. *il* par *ils* ; c. *il* par *nous*.

1. Il part en voyage.
1. a. ....
b. ....
c. ....

2. Il voulut parler.
2. a. ....
b. ....
c. ....

★★ 2 a. Soulignez les groupes sujets. b. Écrivez la terminaison des verbes au passé simple de l'indicatif en respectant l'accord avec le groupe sujet.

1. Les deux animaux, à bonne distance, observ.......... les volailles, d.......... le conteur. 2. Le chat sournois propos.......... à son compagnon d'avancer en éclaireur. 3. Au moment où appar.......... l'animal au détour de la haie, les poules toutes ensemble vol.......... en tous sens.

Écouter la leçon
hachette-clic.fr/22fl5c083

- Un groupe sujet peut commander l'accord de plusieurs verbes :
Les chevaliers arrivent à la cour et saluent le roi.
- Quand un verbe possède plusieurs groupes sujets, il s'accorde au pluriel :
Le roi et la reine arrivent au château.

★ 3 a. Soulignez les groupes sujets. b. Écrivez la terminaison des verbes au présent de l'indicatif en respectant l'accord avec le groupe sujet.

1. Tim et son frère avanc.......... lentement, observ.......... les alentours avec prudence. 2. Vous suiv.......... leurs aventures et espér.......... suivre leurs traces. 3. Le soleil brûlant ébloui.......... et chauff.......... le sol. 4. La fillette et son amie voi.......... au loin un nuage de poussière.

★ 4 a. Soulignez le (ou les) groupe(s) sujet(s) de chaque verbe. b. Accordez les verbes avec leur sujet en employant le temps de l'indicatif demandé.

Un jour qu'un loup et un renard (*traverser*, imparfait) .... un champ, le fermier et son fils (*sortir*, passé simple) .... du bois et (*tenter*, passé simple) .... de les attraper.

★ 5 Récrivez ce texte en remplaçant *il* par *ils*.

Il enjamba le balcon et glissa le long d'une gouttière. Il fit le tour des bâtiments, s'engagea entre le mur et les arbustes et trouva une petite porte qu'il ouvrit.

D'après Maurice Leblanc, *Les Confidences d'Arsène Lupin*, © Leblanc et LGF, 1967.

....

....

- Quand le sujet est un **groupe nominal** comportant un complément du nom, le verbe s'accorde avec le **nom noyau** : *Les **chevaliers** du roi arri**vent** à la cour.*

Écouter la leçon
hachette-clic.fr/22fl5c084

6 a. Soulignez le nom noyau dans le groupe nominal en gras. b. Entourez la forme verbale correcte.

1. **Les filles du seigneur** *appréciait / appréciaient* le spectacle de jongleurs. 2. En cuisine, *s'activait / s'activaient* **la foule des serviteurs**. 3. **Les musiciens de l'orchestre** *charmait / charmaient* le public. 4. « **Les vassaux du seigneur** *participait / participaient* au tournoi », *racontait / racontaient* **le groupe de troubadours**.

7 a. Soulignez les groupes nominaux sujets. b. Entourez le nom noyau. c. Conjuguez les verbes au futur de l'indicatif en respectant l'accord avec le groupe sujet.

Les associés du pirate (*accoster*) .... sur l'île, (*inspecter*) .... les lieux et (*chercher*) .... le rocher noir. Du succès de cette expédition (*dépendre*) .... la découverte du trésor. Les marins de l'expédition (*explorer*) .... l'île.

L'accord du verbe avec un groupe sujet comportant un pronom personnel

Je découvre

8 a. Entourez la terminaison des verbes en gras.

1. Mon cousin et moi **partirons** en voyage.

....

2. Ton père et toi **resterez** sur place.

....

b. Indiquez la personne à laquelle chaque verbe est employé.
c. Entourez les groupes sujets des verbes en gras.
d. Soulignez le pronom qui explique l'accord du verbe.

Écouter la leçon
hachette-clic.fr/22fl5c085

- Si le **groupe sujet** comporte un **pronom personnel** de la **1re personne**, le **verbe s'accorde** à la **1re personne du pluriel** :
Paul, toi et moi partirons ensemble.
- Si le **groupe sujet** est à la **2e** et à la **3e personne**, le **verbe s'accorde** à la **2e personne du pluriel** :
Paul et toi partirez ensemble.

9 a. Remplacez chaque groupe sujet en gras par un pronom personnel. b. Dans chaque groupe sujet en gras, soulignez l'élément qui détermine l'accord du verbe en personne.

1. **Ces marins** naviguent. .... naviguent. **Ces marins et toi** naviguez. .... naviguez. **Ces marins, toi et moi** naviguons. .... naviguons.

2. **Vos parents** dorment. .... dorment. **Vos parents et vous** dormez. .... dormez. **Vos parents, les miens et moi** dormons. .... dormons.

10 Complétez ces phrases en entourant le (ou les) pronom(s) qui convien(nen)t.

1. Toi et (*moi / nous / vous*) participons à la sortie. 2. Pierre et (*moi / toi / elle*) préparerons les sacs. 3. Elle, lui et (*moi / toi / vous*) partirez d'abord. 4. Vous et (*moi / nous / ils*) atteindrons le sommet.

11 **Écrivez les verbes entre parenthèses aux temps de l'indicatif indiqués.**

1. Elles et moi (*prendre*, futur) .... le train. **2.** Toi et moi (*avoir*, présent) .... des amis différents. **3.** Est-ce que Jade, Victor et toi (*savoir*, présent) .... que Sophie et moi ne (*venir*, futur) .... pas la première semaine ? **4.** Vous et vos amis qui (*apprécier*, présent) .... le bateau, nous vous invitons sur le nôtre.

12 **a. Soulignez les groupes sujets des verbes. b. Recopiez le texte en écrivant les verbes entre parenthèses aux temps indiqués.**

Seigneurs, dames et vous tous, (*dire*, présent) le conteur, (*aller*, présent) entendre une curieuse histoire. La femme d'un paysan (*donner*, plus-que-parfait) de l'argent à son mari. Cinq pièces de monnaie (*devoir*, imparfait) servir à payer les courses. Le paysan et son fils (*partir*, passé simple).

....

....

....

....

L'accord du verbe avec un groupe sujet éloigné

Je découvre

13 **a. Observez la terminaison des verbes. b. Soulignez les phrases dans lesquelles les pronoms *nous* et *vous* sont sujets. c. Entourez celles où ils sont COD ou COI.**

1. Nous rêvons. **2.** Elle nous invite. **3.** Je vous parlais. **4.** Vous me devancez.

5. Vous arrivez. **6.** Ils nous écriront. **7.** Nous leur plairons.

14 **a. Entourez les terminaisons verbales. b. Reliez par une flèche chaque verbe à son sujet.**

1. Il **les** admire. **2.** Elle **les** enviait. **3.** Vous **les** entendez. **4.** Nous **les** applaudirons.

5. Tu **l'**invites. **6.** Je **le** veux. **7.** Je **les** écoute.

c. Quelle est la fonction des pronoms en gras ? ....

15 **a. Récrivez les phrases en supprimant les groupes de mots soulignés.**

1. Les comédiens, <u>sous les applaudissements du public</u>, entrent en scène.

.... (..)

2. Les comédiens <u>qui vont jouer la pièce</u> entrent en scène.

.... (..)

b. L'ajout des groupes de mots soulignés modifie-t-il l'accord du verbe ? OUI ☐ NON ☐

c. Reportez dans les parenthèses le contenu de l'étiquette qui convient au groupe de mots souligné.

proposition subordonnée relative — groupe nominal complément circonstanciel

Écouter la leçon
hachette-clic.fr/22fl5c086

Il convient de bien repérer le groupe sujet pour accorder correctement le verbe. Le groupe sujet peut être éloigné du verbe par

- un pronom personnel COD ou COI ;
  Ce lieu passionne les enfants : il les intrigue. Ces îles nous offriront le rêve.
  (il : sujet ; les : COD ; Ces îles : sujet ; nous : COI)
- un complément circonstanciel ;
  Les explorateurs, ~~sur l'océan~~, rêvent du Nouveau Monde.
- une proposition subordonnée relative.
  Les explorateurs ~~qui naviguent sur l'océan~~ rêvent du Nouveau Monde.

★16 a. Soulignez les groupes sujets. b. Entourez les verbes bien accordés.

1. Cette chanteuse nous (charme / charment).
2. Tous les spectateurs la (félicite / félicitent) et, après la représentation, l'(acclame / acclament).
3. Elle les (remercient / remercie).
4. Nos amis nous (rejoindrons / rejoindront) en ville.
5. Nous les (recevrons / recevront).

★17 Accordez le verbe que vous conjuguerez au présent de l'indicatif.

1. Ils la (*voir*) .... 2. Elle leur (*adresser*) .... un sourire.
3. Tu me (*donner*) .... le vertige. 4. Le journaliste les (*annoncer*) ....
5. Ils lui (*parler*) ....

★18 a. Rayez les groupes de mots que vous pouvez supprimer entre le groupe sujet et le verbe. b. Entourez le verbe bien accordé.

1. Le jardin rempli d'herbes folles n'(*offraient / offrait*) plus de fleurs.
2. Les propriétaires, une fois par an, (*venait / venaient*) faire un état des lieux.
3. Deux vieux puits qui étaient couverts de mousse dans l'ancien potager ne (*fonctionnaient / fonctionnait*) plus.

★19 Enrichissez les phrases en ajoutant avant le verbe en A et B : un groupe nominal complément circonstanciel ; en C, D et E : une proposition subordonnée relative.

A. Les valets (*observer*) leur maître. ....

B. Les jongleurs (*préparer*) le spectacle. ....

....

C. La servante (*mettre*) le couvert. ....

D. Les dames (*choisir*) leur tenue. ....

E. La région (*fasciner*) les marins. ....

Écouter la dictée
hachette-clic.fr/22fl5c117

Dictée préparée 2

Je prépare la dictée

1 Accordez les adjectifs et les participes passés épithètes dans les groupes nominaux suivants.

ces lieux magnifique ....

la proue effilé ....

des mers sillonné ....

la mer assombri ....

2 Accordez les verbes avec leur sujet en les conjuguant au temps de l'indicatif demandé.

(*passer*, plus-que-parfait) : cinq soleils ....

(*fendre*, imparfait) : nous ....

(*quitter*, plus-que-parfait) : nous ....

(*voir*, passé simple) : nous ....

(*gronder*, *rugir*, *se ruer*, imparfait) : la mer ....

3 Recopiez les mots suivants et retenez-les.

sillonner ....

un effroi ....

veillant ....

un écueil ....

la proue ....

paraître ....

une nuée ....

assombrir ....

J'écris la dictée

Titre : ....

....

....

....

....

....

....

....

....

Je corrige mes erreurs

Après correction en classe, rectifiez :

– les erreurs d'accord dans les groupes nominaux : ....

....

– les erreurs d'accord des verbes avec les groupes sujets : ....

....

– les erreurs d'orthographe lexicale : ....

....

37 L'accord de l'attribut du sujet et du participe passé employé avec *être*

- L'**attribut du sujet** et le **participe passé employé avec *être*** **s'accordent** en genre et en nombre avec le **groupe sujet** du verbe.
***La fée Viviane** semble mystérieuse et est **redoutée** à cause de ses pouvoirs.*

Écouter la leçon
hachette-clic.fr/22fl5c087

Cette règle s'applique avec les verbes *paraître, sembler, avoir l'air, passer pour...*

1 **Entourez les participes passés qui s'accordent avec les groupes sujets soulignés.**

1. Les jongleurs étaient (*arrivé / arrivés / arrivées*) et avaient été (*accueillie / accueilli / accueillis*) dans la salle du banquet. **2.** La Dame et ses invitées paraissaient (*charmées / charmés / charmé*) par leur musique et par leurs chants. **3.** Leur musique semblait (*légères / légers / légère*) et (*vive / vives / vif*) à la fois.

2 **a. Soulignez les groupes sujets. b. Accordez les participes passés avec les groupes sujets.**

1. Guenièvre était (*ravi*) .... de retrouver Lancelot et le chevalier semblait (*impressionné*) .... par la reine. **2.** La nuit était (*tombé*) .... **3.** Des lueurs étaient (*monté*) .... à l'horizon. **4.** Ces fruits paraissent (*durci*) .... par le gel.

3 **Accordez les participes passés avec les groupes sujets.**

Ce vilain était (installé) .... sur une souche ; la créature est (composé) .... de différents animaux. Ses cheveux étaient (mêlé) .... en broussaille, ses oreilles étaient (allongé) .... comme celles d'un éléphant, sa bouche était (élargi) .... comme celle d'un loup et ses sourcils faisaient peur. Sa lourde silhouette était (appuyé) .... sur sa massue.

D'après Chrétien de Troyes, *Yvain ou le Chevalier au lion*, XIIe s.

4 **Accordez les attributs du sujet.**

1. La fée Mélusine semblait (*heureux*) .... de la situation. **2.** Les falaises paraissaient (*abrupt*) .... et (*pareil*) .... à des montagnes. **3.** Ces amies sont (*gai*) .... et (*joyeux*) .... **4.** Ces athlètes féminines ont l'air (*actif*) .... et bien (*entraîné*) ....

5 **Accordez les participes passés et les attributs du sujet entre parenthèses.**

1. Les navigatrices de cette équipe étaient (*décidé*) .... à gagner la course. **2.** La fille des voisins est (*chaleureux*) .... et (*accueillant*) .... **3.** Est-elle (*content*) .... de son métier ? **4.** Il cherche une maison qui soit (*situé*) .... en bord de mer. **5.** Laquelle de ces maisons est (*orné*) .... de fresques ?

6 **Récrivez les phrases 2, 3 et 5 de l'exercice 5 en mettant les groupes sujets au pluriel.**

....

....

....

Je développe mes compétences

Méthode 5

Récrire un passage en changeant le genre et le nombre

- Si on modifie le genre et/ou le nombre du nom noyau d'un groupe nominal, il faut **accorder** :
  - **le déterminant** qui précède le nom ;
  - **les adjectifs** ou **les participes passés épithètes**.

  *son **cher** ami **plein** de vie*
  → *sa **chère** amie **pleine** de vie*

- Si on modifie le genre et/ou le nombre du groupe sujet d'un verbe, il faut :
  - **accorder le ou les verbes** avec le nouveau groupe sujet ;
  - **modifier les pronoms de reprise** et **les déterminants possessifs**.

  *Le chevalier **entre** dans la cour et **il descend** de **son** cheval. Le roi **l'**accueille aussitôt.*
  → *Les chevaliers **entrent** dans la cour et **ils descendent** de **leur** cheval. Le roi **les** accueille aussitôt.*

- Si on modifie le genre et/ou le nombre du groupe sujet d'un verbe suivi d'un attribut du sujet ou employé avec l'auxiliaire *être*, il faut **accorder l'attribut** ou **le participe passé** avec le groupe sujet modifié.

  *Son vieil ami est **prêt** à l'aider : il est **venu** pour cela.*
  → *Ses vieilles amies **sont prêtes** à l'aider : elles **sont venues** pour cela.*

1 Comparez le texte A et le texte B, soulignez dans le texte B les marques de féminin et entourez les marques de pluriel.

A. Regarde le haut mur crénelé du château. Il semble impénétrable mais, en fait, il est aisé à franchir. Un cavalier rapide et expérimenté peut trouver le passage ménagé dans ce mur.

B. Regarde la haute muraille crénelée du château. Elle semble impénétrable, mais, en fait, elle est aisée à franchir. Des cavalières rapides et expérimentées peuvent trouver le passage ménagé dans ce mur.

2 a. Soulignez tous les mots et groupes de mots qui doivent être modifiés pour récrire le texte en mettant *garde* au pluriel.

Le garde désigné par le baron félon peinait dans la montée de la tour. Il soufflait et, derrière Robin, pestait contre le nombre de marches. Enfin, il s'arrêta et ouvrit une petite porte. Cet homme brutal poussa Robin à l'intérieur et l'enferma. Le garçon entendit dans les escaliers les bruits de ses pas qui s'éloignaient.

b. Récrivez le texte en faisant toutes les modifications nécessaires.

....

....

....

....

....

....

....

....

3 **Récrivez le texte en remplaçant *cabane* par *abri*, *paysan* par *paysanne* et *fils* par *filles*. Faites toutes les modifications nécessaires.**

Nous dormîmes dans cette petite cabane située au bout du village. Le vieux paysan semblait heureux de nous offrir l'hospitalité et paraissait prêt à nous héberger pour plusieurs nuits. Mais son fils, de toute évidence, était peu désireux de nous accueillir et manifestait sa réticence.

....

....

....

....

....

....

....

....

....

....

4 **Récrivez le texte en remplaçant *navigateur* par *navigatrices*. Faites toutes les modifications nécessaires.**

Le jeune navigateur audacieux est fou de joie de lever l'ancre. Il sait qu'il est voué à affronter le gros temps et qu'il sera malmené par les éléments. Mais il est bien préparé et ne paraît pas soucieux du danger. Il est maintenant installé à la proue de son bateau ; il reste placé là durant un long moment et demeure immobile jusqu'au moment où ses compagnons l'appellent.

....

....

....

....

....

....

....

....

....

....

....

....

38 L'accord du participe passé employé avec *avoir*

Écouter la leçon
hachette-clic.fr/22fl5c088

- En règle générale, le **participe passé employé avec l'auxiliaire *avoir*** **ne s'accorde pas**, ni avec le groupe sujet ni avec le COD placé après le verbe : il s'écrit au **masculin singulier**.
*Nous avons **lu** plusieurs romans. Nous avons **dormi**.*

✶ 1 Rayez les participes passés fautifs.

1. Les chevaliers ont *livré* / *livrés* combat.

2. Les armes ont *brillé* / *brillées* au soleil.

3. La Dame a *saluée* / *salué* son champion.

4. Les tournois ont *attiré* / *attirés* une foule incroyable.

✶ 2 Récrivez ces phrases au pluriel.

1. Le navigateur a guetté l'horizon. ....

2. Le peuple indigène a bien accueilli les Européens. ....

....

3. Le palais chinois a émerveillé Marco Polo. ....

4. La route commerciale a traversé de nombreux pays. ....

....

✶✶ 3 Récrivez ces phrases au passé composé.

1. Les héros affrontent bien des dangers. ....

2. Les chevaliers saluent le roi Arthur. ....

3. Les dames applaudissent les preux chevaliers. ....

....

4. Les tours dominent le château. ....

✶✶ 4 Récrivez le texte en conjuguant les verbes au passé composé.

J'entendis un bruit de roues et je vis la charrette. François rentrait cette carriole dans le hangar. Jules suivait sa femme et ses enfants. J'aperçus le groupe sous la pluie. Cette image laissa en moi une sensation forte.

....

....

....

Je teste mes connaissances sur les accords

Exercices interactifs
hachette-clic.fr/22fl5c089

Entraînez-vous sur les accords grâce à des exercices interactifs.

Écouter la dictée
hachette-clic.fr/22fl5c118

Dictée préparée 3

Je prépare la dictée

1 **a. Les personnages sont-ils féminins ou masculins ? :** ....

Nous sommes parties toutes les trois.

b. Entourez le mot qui vous a permis de répondre en écoutant la phrase.

2 **Complétez ces formes verbales.**

(*montrer*) elle a ....

(*profiter*) nous avons ....

(*faire*) nous avons .... un festin

(*prendre*) nous avons .... le chemin

(*chauffer*) les pierres étaient ....

(*devoir*) j'ai...

3 **a. Lisez à voix haute ces groupes nominaux en faisant les liaisons.**

de petits cratères creusés_au sol

un festin d'œufs crus, de racines_et de baies.

b. Entourez les terminaisons de pluriel.

4 **Recopiez les mots suivants et retenez-les.**

les œufs de sterne : ....

reconnaître : ....

des cratères : ....

des baies : ....

le camp : ....

J'écris la dictée

Titre : ....

....

....

....

....

....

....

....

....

....

Je corrige mes erreurs

Après correction en classe, rectifiez :

– les erreurs sur les terminaisons des participes passés employés avec *être* ou *avoir* : ....

....

– les erreurs d'accord dans les groupes nominaux : ....

....

– les erreurs d'orthographe : ....

....

39 Des homophones fréquents

Écouter la leçon
hachette-clic.fr/22fl5c090

- Les **homophones** sont des mots qui **se prononcent de la même façon** mais **s'écrivent différemment**. Ils appartiennent généralement à des **classes de mots différentes**.
- Certains homophones se distinguent par la présence ou non d'un **accent**.

	Classes grammaticales	Exemples	On peut remplacer
a	verbe ou auxiliaire *avoir*	*Il **a** soif.*	*a* par *avait (Il avait soif.)*
à	préposition	*Il pense **à** son amie.*	
la	article ou pronom personnel	***La** beauté **la** fait rêver.*	*la* par *le (Le parfum le fait rêver.)*
là	adverbe de lieu	*Il habite **là**.*	*là* par *ici (Il habite ici.)*
ou	conjonction de coordination	*Elle lit **ou** elle rêve.*	*ou* par *ou bien (Elle lit ou bien elle rêve.)*
où	adverbe ou pronom relatif indiquant le lieu ou le temps	***Où** vit-elle ?* *Voici la maison **où** elle vit.* *Il arrive au moment **où** nous partons.*	
ça	abréviation familière de *cela*	*« Je n'aime pas **ça**. »*	*ça* par *cela (« Je n'aime pas cela. »)*
çà	adverbe de lieu	*Il marche **çà** et **là**.*	

★ 1 Soulignez l'homophone qui convient.

1. À l'instant *ou / où* le navire est apparu, *la / là* foule *a / à* accouru au port, *la / là ou / où* sont amarrés les gros bateaux. **2.** Partout, *ça / çà* et *la / là*, des hommes s'affairaient pour décharger *la / là* marchandise. **3.** L'activité, *a / à* l'extrémité du quai, *a / à* brusquement augmenté.

★ 2 Complétez les phrases avec l'homophone de la leçon qui convient.

Le fermier arriva dans .... prairie .... un renard et un chat se battaient furieusement. Des touffes de poils traînaient .... et ...., ... l'endroit .... se déroulait .... bataille. Le fermier se demandait si le chat noir .... le renard roux allait l'emporter. Chacun .... vaillamment combattu.

Écouter la leçon
hachette-clic.fr/22fl5c091

- Certains homophones se distinguent par la présence ou non d'une **apostrophe**.

	Classes grammaticales	Exemples	On peut remplacer
dans	préposition	*Il monte **dans** le train.*	*dans* par *à l'intérieur de (Il monte à l'intérieur du train.)*
d'en	préposition *de* + pronom *en* ; expressions : *d'en bas, d'en face…*	*Il rêve **d'en** prendre.*	
sans	préposition	*Il est **sans** voix.*	
s'en	pronom *se* suivi du pronom *en*	*Il **s'en** soucie.*	*s'en* par *se* + verbe *(Il se soucie (de cela).)*

★ 3 Soulignez l'homophone qui convient.

1. Le promeneur voit un gros champignon et rêve *dans / d'en* faire son dîner ; il l'emporte *dans / d'en* son sac afin *dans / d'en* faire profiter sa famille. **2.** Il *sans / s'en* va de chez lui *sans / s'en* que son père *sans / s'en* aperçoive. **3.** *Sans / S'en* perdre de temps, Paul passe *dans / d'en* la forêt.

Écouter la leçon
hachette-clic.fr/22fl5c092

	Classes grammaticales	Exemples	On peut remplacer
ni	conjonction de coordination (négation)	***Ni** eau **ni** nourriture sur l'île : **n'y** pense pas et **n'y** va pas !*	
n'y	négation *ne* suivie de *y*		*n'y* par *ne… à cela* ou *ne… là* (*Ne pense pas à cela et ne va pas là.*)
si	conjonction de coordination ou adverbe	***Si** tu pars, il sera **si** triste !*	
s'y	pronom personnel *se* suivi de *y*	*Il **s'y** rend.*	*s'y* par *m'y* (*Je m'y rends.*)
-ci	adverbe de lieu	*ce mois-**ci**, celui-**ci***	*-ci* par *-là* (*ce mois-là, celui-là*)

★ 4 Soulignez l'homophone qui convient.

1. *Ni / N'y* le chevalier *ni / n'y* son écuyer *ni / n'y* voient rien. **2.** Ils n'ont été effrayés *ni / n'y* par les conseils *ni / n'y* par les menaces. **3.** *Ni / N'y* voyez pas la marque de leur témérité *ni / n'y* celle de leur imprudence juvénile. **4.** Vous ne pouvez *ni / n'y* les comprendre *ni / n'y* les juger.

★★ 5 Complétez les phrases avec l'homophone qui convient : *si, s'y, -ci*.

1. Ces temps........, même .... le froid persiste, nous sortirons. **2.** .... la piscine est ouverte, les élèves .... rendront. **3.** .... ces voitures........ n'étaient pas .... chères, ils les achèteraient. **4.** Ce sentier est dangereux : personne ne .... risque.

Écouter la leçon
hachette-clic.fr/22fl5c093

- Il ne faut pas confondre certains **homophones grammaticaux très fréquents**.

	Classes grammaticales	Exemples	On peut remplacer
est	verbe ou auxiliaire *être* à la 3e personne du singulier	*Il **est** précis.*	*est* par *était* (*Il était précis.*)
et	conjonction de coordination	*Il a un frère **et** une sœur.*	
son	déterminant possessif	*Tu suis **son** exemple.*	*son* par *mon* (*Tu suis mon exemple.*)
sont	verbe ou auxiliaire *être* à la 3e personne du pluriel	*Ils **sont** habiles.*	*sont* par *étaient* (*Ils étaient habiles.*)

★ 6 a. Complétez le texte avec le verbe *être* conjugué à l'imparfait de l'indicatif.

Jean de Léry .... un grand observateur. Il .... curieux de découvrir les peuples indigènes et leurs coutumes. Il .... aussi désireux de faire connaître la faune et la flore brésiliennes aux Européens. Il n'.......................... jamais rassasié de découvertes.

b. Récrivez le texte au présent de l'indicatif et soulignez les homophones.

....

....

....

7 a. **Écrivez entre parenthèses *étaient* lorsque c'est possible.** b. **Soulignez la forme correcte pour chaque homophone.**

1. Il a observé de *son / sont* (..............) poste des perdrix qui *son / sont* (..........................) ses oiseaux favoris. **2.** À *son / sont* (..............) arrivée, il a vu des lapins qui *son / sont* (..........................) occupés à goûter des trèfles devant *son / sont* (..............) campement. **3.** Ils *son / sont* (..........................) adorables ; mais à *son / sont* (..........................) approche, ils s'enfuient : ils *son / sont* (..........................) si craintifs !

	Classes grammaticales	Exemples	On peut remplacer
on	pronom	*On **a** perdu.*	*on* par *nous* (*Nous avons perdu.*)
ont	verbe ou auxiliaire *avoir* à la 3ᵉ personne du pluriel	*Ils **ont** gagné.*	*ont* par *avaient* (*Ils avaient gagné.*)
peu	adverbe	*Elle mange **peu**.*	
peux / peut	verbe *pouvoir*, 1ʳᵉ, 2ᵉ et 3ᵉ personnes	*Tu **peux** venir. Il **peut** venir.*	*peux* par *pouvais* (*Tu pouvais venir.*) et *peut* par *pouvait*

Écouter la leçon
hachette-clic.fr/22fl5c094

Ne pas confondre « on » employé dans une phrase affirmative et « on n' » employé dans une phrase négative : *On a raison. On n'a pas tort.*

8 **Complétez par l'homophone qui convient : *on, ont, on n'*.**

1. Ces héros .... fasciné les lecteurs : .... a rarement vu un tel succès. **2.** Cette héroïne, ... ne peut que l'admirer. **3.** Les héros épiques .... suscité de nombreuses œuvres littéraires qu'.............. lit encore aujourd'hui. **4.** .... a pas oublié les exploits d'Ulysse.

9 **Rayez les homophones qui ne conviennent pas.**

1. *Peu / Peux / Peut*-tu verser un *peu / peux / peut* de lait dans le bol ? **2.** *Peu / Peux / Peut* importe qui gagnera : tout *peu / peux / peut* arriver avec un *peu / peux / peut* de chance. **3.** Ce que tu dis ne *peu / peux / peut* être vrai : tu ne *peu / peux / peut* avoir fini ce travail en si *peu / peux / peut* de temps.

10 **Complétez les phrases avec des homophones de la leçon.**

1. .... mentir, avec un .... de mémoire, ... / .... se rappeler que Lancelot .... un chevalier. **2.** Comment ....-tu imaginer .... penser qu'............ oubliera ces histoires .... extraordinaires car il .... passe toujours quelque chose ? **3.** Les cinéastes .... inspirent toujours. **4.** .... Kévin .... Paul ne .... remettent à l'arbitre. **5.** Il .... menti .... son ami. Celui............, ... méfiance, ... / .... pas pris garde.

11 a. **Lisez mentalement le texte.** b. **Recopiez-le en le complétant avec des homophones de la leçon.**

Les villageois ☐ vu le prêtre ☐ les buissons. Ils ☐ cherché ☐ le sortir de ☐. Les vilains ☐ parvenaient pas. Ils étaient ☐ ☐ adroits qu'ils ☐ dû ☐ prendre ☐ plusieurs reprises pour le sortir ☐ l'écorcher davantage. ☐ ☐ dire que ☐ les enfants ☐ les adultes n'☐ oublié cette aventure.

....

....

....

....

Écouter la leçon
hachette-clic.fr/22fl5c095

	Classes grammaticales	Exemples	On peut remplacer
ce	déterminant	***Ce*** *prince fit un rêve.*	*Ce* déterminant est placé devant un nom ou un adjectif.
se	pronom personnel 3e p.	*Il* ***se*** *réveilla.*	*Se* est toujours placé devant un verbe.
ces	déterminant démonstratif	***Ces*** *livres rares sont reliés.*	Au singulier, *ces* devient *ce (ce livre).*
ses	déterminant possessif	*Jade range* ***ses*** *livres.*	Au singulier, *ses* devient *son* ou *sa (son livre).*
c'est	pronom démonstratif + verbe *être*	***C'est*** *un beau livre.*	Remplacer *c'est* par *cela est.*
s'est	pronom personnel 3e p. sg. + verbe *être*	*Jade* ***s'est*** *acheté un beau livre.*	Mettre le groupe sujet + verbe à la 1re personne : *s'* devient *m'* ou *me*. *(Je me suis acheté un beau livre.)*

★12 **a. Récrivez les phrases en transposant les noms en gras au pluriel. b. Soulignez le déterminant.**

1. La dame observe ce **chevalier.** ……………………………
2. Le chevalier s'occupe de son **cheval.** ……………………………
3. Connais-tu son **ami** ? ……………………………
4. Il ignore le prix de cet **appareil.** ……………………………
5. Quentin a oublié sa **raquette.** ……………………………

★13 **a. Cochez les phrases dans lesquelles on peut remplacer le groupe sujet + verbe par *je me suis*.**
b. Rayez l'homophone incorrect.

1. ☐ Arthur *s'est / c'est* dirigé vers Tintagel. **2.** ☐ Le chevalier vaincu *c'est / s'est* rendu à l'ennemi. **3.** ☐ *C'est / S'est* la fête des fous qui attire les gens. **4.** ☐ La reine *s'est / c'est* plainte des barons félons.

★★14 **Complétez les phrases avec *se* ou *ce*, *s'* ou *c'*.**

1. ……… site explique bien ……… nouveau jeu. **2.** Il faut ……… méfier de ……… baron félon. **3.** Il ……… fait tard : ………est l'heure d'aller ……… coucher. **4.** Il est difficile de ……… projeter dans le futur mais elle caresse ……… rêve de ……… rendre un jour sur Mars. **5.** Il ……… entraîne pour ……… tournoi.

★★15 **a. Lisez mentalement le texte. b. Récrivez le texte en employant les homophones qui conviennent.**

Connais-tu ☐ mythe célèbre de Pygmalion, le sculpteur amoureux de sa statue ? Un jour il ☐ rend près de sa statue et, ☐ penchant vers elle, la couvre de baisers. Quand, de ☐ mains, il touche son cou, l'ivoire ☐ ramollit, ☐ creuse et cède sous ☐ doigts. Pygmalion hésite à ☐ réjouir : il craint de ☐ tromper. ☐ tellement incroyable !

……………………………
……………………………
……………………………
……………………………
……………………………

Je développe mes compétences

Méthode 6

Récrire un passage ou relire une dictée

- **Pour récrire un passage ou relire une dictée, il faut prêter attention :**
  – aux accords au féminin et au pluriel dans un groupe nominal (leçon 35) ;
  – à l'accord du verbe avec le groupe sujet (leçon 36) ;
  – à l'accord de l'attribut du sujet et du participe passé employé avec le verbe *être* (leçon 37) :
  – à l'accord du participe passé employé avec *avoir* (leçon 38) ;
  – aux mots homophones, en particulier *a / à, et / est, son / sont, ce / se, c'est / s'est* (leçon 39)

- Lors de la (re)lecture orale d'un texte ou d'une dictée, il faut s'aider des liaisons pour orthographier la fin des mots.

1 Pour relire ce texte afin de le corriger :

– relisez-le oralement en faisant les liaisons ;
– entourez les bons homophones ;
– soulignez en bleu le nom noyau dans les groupes nominaux féminin et /ou pluriel comportant un adjectif ou un participe passé épithète ;
– reliez les verbes à leur groupe sujet avec une flèche rouge ;
– entourez en vert les groupes sujets suivis d'un attribut du sujet ou d'un participe passé employé avec *être* ;
– soulignez en noir les participes passés employés avec *avoir* et entourez le COD, s'il y en a un.

Inondation

Dans certaines régions, la/là pluie a/à inondé des villages entier. Les rues son/sont jonché de branches, ferrailles, tôles, déchets. Les bus qui relient habituellement les hameaux isolé aux villes les plus proche son/sont forcé de stopper leur liaison pour un temps indéterminé. [...] Dans le centre du pays, la télévision a/à filmé et retransmis des images de voitures emporté par des torrents d'eau et de boue. [...] Dans la/là cité du 11-Décembre de Dely Brahim, plusieurs hommes dépose de grand cartons déplié devant les maisons pour créer un semblant de passage sec. La/Là veille, a/à cause de la boue, Adila [...] et/est tombé et ne ce/se déplace qu'avec une canne.

D'après Kaouther Adimi, *Les Petits de Décembre*, © Le Seuil, 2019.

2 Récrivez ce texte en corrigeant toutes les erreurs.

Écouter la dictée
hachette-clic.fr/22fl5c119

Dictée préparée 4

Je prépare la dictée

1 Entourez le bon homophone.

Les surfaces *et / est* la diversité des voix *ont / on* diminué.

L'espace *s'est / c'est* refermé

Les visages *ont / on* disparu.

avec *son / sont* lac

a/ à Tours

une parcelle de gazon *et /est* deux buissons.

Il n'y eut plus *ni / n'y* d'animaux *ni / n'y* de cousine *ni / n'y* de nourrice.

2 Recopiez les mots suivants et retenez-les.

la diversité des voix : ....

s'effeuiller : ....

une parcelle : ....

un parquet étanche : ....

altéré : ....

une nourrice : ....

rétrécir : ....

une place et demie : ....

J'écris la dictée

Titre : ....

....

....

....

....

....

....

....

....

Je corrige mes erreurs

Après correction en classe, rectifiez :

– les erreurs de conjugaison : ....

....

– les erreurs d'accord des verbes avec les groupes sujets : ....

....

– les erreurs d'homophonie : ....

....

40 Les niveaux de langue

Écouter la leçon
hachette-clic.fr/22fl5c096

Il existe trois niveaux de langue qui se distinguent par le vocabulaire employé et par la construction des phrases.

Le niveau **familier** : *Tu me files ta caisse ?*

Le niveau **courant** : *Est-ce que tu me prêtes ta voiture ?*

Le niveau **soutenu** (élégant) : *Me prêtes-tu ton véhicule ?*

Oral familier et oral courant

L'oral familier s'emploie dans des conversations privées.

L'oral courant est attendu dans les échanges publics (à l'école, au travail, dans la presse…).

★ 1 a. Soulignez en rouge les passages en langue orale et familière. b. Entourez les mots et groupes de mots qui vous ont permis de répondre. c. Soulignez en vert les passages récrits en langue soutenue.

Papa, il est prof de français… Oh, pardon : *mon père enseigne la langue et la littérature françaises*. C'est pas marrant tous les jours ! Je veux dire : *parfois, la profession de mon père est pour moi cause de certains désagréments*. L'autre jour, par exemple. En sciant du bois, je me suis coupé le pouce. Profond ! J'ai couru trouver papa qui lisait dans le salon.

« Papa, papa ! Va vite chercher un pansement, je pisse le sang ! ai-je hurlé en tendant mon doigt blessé.
– Je te prie de bien vouloir t'exprimer correctement, a répondu mon père sans même lever le nez de son livre.

– Très cher père, ai-je corrigé, je me suis entaillé le pouce et le sang s'écoule abondamment de la plaie. »

Bernard Friot, « Façon de parler », *Nouvelles Histoires pressées*, © Milan, 2007.

★ 2 Indiquez le niveau de langue de chaque mot dans ces listes de synonymes : F familier, C courant ou S soutenu.

1. kiffer ……… • aimer ……… • chérir ………

2. gamberger ……… • réfléchir ……… • songer ………

3. fou ……… • dingue ……… • aliéné ………

4. capital ……… • économies ……… • magot ………

★★ 3 a. Classez ces verbes dans le tableau en les associant par paires de synonymes : se tromper • gerber • trucider • vomir • s'éclater • flotter • tuer • pleuvoir • se cailler • s'amuser • avoir froid • se planter.

familier	………	………	………	………	………	………
courant	………	………	………	………	………	………

b. Employez dans des phrases de votre choix quatre verbes de niveau courant du a.

…………………………………………………………………………

…………………………………………………………………………

4 a. **Indiquez le niveau de langue de chaque phrase : F familier ou C courant.**

1. Vous avez bien bossé. .... **2.** T'as pas quelque chose à bouffer dans le frigo ? .... **3.** Est-ce que ce film t'a plu ? .... **4.** J'm'demande s'il a changé de boulot. .... **5.** Sa meuf habite une belle baraque .... **6.** Avec tout ce fric, mes potes peuvent s'ach'ter des fringues. ....

b. **Récrivez les phrases familières dans un niveau de langue courant.**

....

....

....

....

5 **Lisez le texte. Dans quel niveau de langue s'expriment** a. **Lisette de Courval ?** ....

b. **les autres femmes ?** ....

LISETTE DE COURVAL. — Dès que le soleil a commencé à caresser de ses rayons les petites fleurs dans les champs et que les petits oiseaux ont ouvert leurs petits becs pour lancer vers le ciel leurs petits cris…

LES QUATRE AUTRES. — J'me lève, pis j'prépare le déjeuner ! Des toasts, du café, du bacon, des œufs […]. Les enfants partent pour l'école, mon mari s'en va travailler.

MARIE-ANGE BROUILLETTE. — Pas le mien, y est chômeur. Y reste couché.

LES CINQ FEMMES. — Là, là, j'travaille comme une enragée, jusqu'à midi, j'lave. Les robes, les jupes, les bas […] tout y passe ! Pis frotte, pis tords, pis refrotte, pis rince…

Michel Tremblay, *Les Belles-Sœurs*, © Montréal, Leméac, 1965.

• Différences entre la langue orale et la langue écrite

Écouter la leçon
hachette-clic.fr/22fl5c097

Oral			Écrit
Suppression	de la négation	*Il a pas tort.*	*Il n'a pas tort.*
	du « e » muet	*J't'rappelle.*	*Je te rappelle.*
	de la fin des mots	*prof*	*professeur*
Interrogation sans inversion du sujet		*Tu viens ?*	*Est-ce que tu viens ?* *Viens-tu ?*
Sujet	supprimé	*Faut partir.*	*Il faut partir.*
	redoublé	*Mon père, il a raison.*	*Mon père a raison.*
Phrases inachevées, emploi d'onomatopées		*Bon voilà… je crois que… euh… il a raison.*	*Je crois qu'il a raison.*

6 **Récrivez ces phrases orales en respectant un niveau de langue écrite.**

1. Il fait pas peur. ....

2. V'là ton p'tit déj. ....

3. Ma reum, elle a loupé son train. ....

4. T'as vu cet' meuf ? ....

5. T'en vas pas : t'as encore des trucs à m'expliquer. ....

....

41 Les formes verbales homophones en /E/ et en [i]

Je découvre

★ 1 a. Entourez les formes verbales homophones en /E/.

1. Tu veux cuisiner et cuire du pain.
2. Tu viens pour cuisiner et cuire du pain.
3. Tu as cuisiné et cuit du pain.
4. Veux-tu un plat cuisiné et un pain cuit au four ?

b. Quels sont le mode et le temps des formes verbales entourées en 1 et 2 ? ....
en 3 et 4 ? ....

c. En 1, 2 et 3, soulignez les mots qui précèdent les formes verbales en /E/.

d. Dans quel type de groupes de mots « cuisiné » est-il employé en 4 ? ....

★ 2 a. Entourez les terminaisons verbales homophones en /E/.

Je marchais tranquillement dans la rue quand, soudain, je remarquai un étrange individu.

b. À quel temps est conjugué le verbe en bleu ? .... **en vert ?** ....

★ 3 a. Entourez les formes verbales homophones en /E/.

Sans votre aide, serais-je capable de tenir ce rôle ? J'en serai capable, grâce à mon travail.

b. À quels temps et mode est conjugué le verbe en bleu ? ....
en vert ? ....

Écouter la leçon
hachette-clic.fr/22fl5c098

- Pour les **verbes du 1er groupe**, ne pas confondre les terminaisons verbales en :

er	*é (-ée, -és, -ées)*
infinitif présent	**participe passé**
précédé : • d'une préposition : *Elle mange <u>sans</u> **parler**.* • d'un verbe (autre qu'*avoir* et *être*) : *Elle <u>veut</u> **parler**.*	• dans les temps composés : *Elle a **parlé**. Elle est **tombée**.* • à la voix passive : *Elle est **accusée**.* • après des verbes attributifs : *Elle paraît **épuisée**.* • épithète dans un groupe nominal : *un homme **épuisé**.*

- Ne pas confondre, à la **1re personne du singulier, les terminaisons homophones en *-ais*** et en ***-ai*** :

verbes du 1er groupe	tous les verbes
• *-ai* → **passé simple** → *je march**ai*** • *-ais* → **imparfait** → *je march**ais***	• *-rai* → **futur** → *je marche**rai**, je fini**rai**, je pren**drai*** • *-rais* → **conditionnel présent** → *je marche**rais**, je fini**rais**, je pren**drais***

Pour choisir la forme correcte, remplacer « je » par « tu » :
je marchais → tu marchais ;
je marchai → tu marchas ;
je marcherai → tu marcheras ;
je marcherais → tu marcherais

★ 4 Complétez ces formes verbales en /E/ en vous aidant des mots en gras.

1. Il **peut** march......... des heures **sans** cess......... **de** bavard......... 2. Elle **a** lev......... l'ancre puis **a** navigu......... vers l'Amérique. 3. Ces jeunes filles **sont** admir......... car elles **ont** sauv......... un enfant de la noyade.

5 **Complétez ces formes verbales en /E/ en employant l'imparfait ou le passé simple.**

1. Tous les soirs, je me couch........ à la même heure mais ce soir-là, je veill........ tard. **2.** Je travaill........ depuis des heures quand je réalis........ que j'av........ un rendez-vous. **3.** Selon mon habitude, je nage........ au large quand, soudain, je rencontr........ une créature étrange et décid........ de fuir.

6 **Complétez ces formes verbales en /E/ en employant le temps qui convient.**

1. Si vous le permettiez, je réaliser........ ce décor. **2.** Demain, je vous présenter........ mon projet. **3.** S'il le fallait, je vous préviendr........ . **4.** Pour progresser, je prendr........ des leçons. **5.** S'il vous plaît, pourr........-je venir ? **6.** Les billets sont pris : jeudi, j'ir........ enfin à l'opéra et je verr........ un ballet.

Je découvre

7 **a. Soulignez en bleu les formes verbales à la 3e personne du singulier, en vert les participes passés.**
b. Pour chaque série, indiquez le groupe des verbes.

A. il finit – elle a fini – il a réagi – elle frémit – elle a rougi – il rétrécit : ....

B. il a dormi – il partit – elle sortit – elle a sorti – elle a cueilli : ....

C. il prit – il a pris – elle mit – elle a remis – il a repris – elle surprit : ....

c. Quelle est la terminaison commune aux verbes conjugués à la 3e personne du singulier ? ....

d. Quelles sont les terminaisons de participe passé en [i] pour les verbes du 2e groupe ? ....
du 3e groupe ? ....

Écouter la leçon
hachette-clic.fr/22fl5c099

- Ne pas confondre **les formes verbales homophones en [i]** :

-it	3e personne du singulier	présent et passé simple des verbes du 2e groupe	*il finit*
		passé simple de certains verbes du 3e groupe	*il partit, il prit*
-i	participe passé	verbes du 2e groupe et certains verbes du 3e groupe (*partir, mentir, fuir…*)	*fini, parti, menti, fui*
-is	participe passé	certains verbes du 3e groupe (*prendre, mettre* et leurs composés)	*pris, mis*

8 **a. Écrivez les verbes au passé simple de l'indicatif.**

1. Elle (*gémir*) .... **2.** Il (*reprendre*) .... des forces. **3.** Le bateau (*sortir*) .... du port et (*mettre*) .... les voiles. **4.** Le chevalier (*pâlir*) .... à la vue du monstre.

b. Récrivez les phrases au passé composé.

....

....

9 **a. Soulignez les verbes conjugués au passé simple. b. Complétez ces formes verbales en /i/.**

1. Le chevalier m........ pied à terre et pr........ les rênes de son cheval. **2.** L'écuyer endorm........ ne v........ pas venir son maître. **3.** Il a adm........ que le tournoi était fin........ .

Je teste mes connaissances sur les différences entre l'oral et l'écrit

Exercices interactifs
hachette-clic.fr/22fl5c100

Entraînez-vous sur les différences entre l'oral et l'écrit grâce à des exercices interactifs.

Dictée préparée 5

Écouter la dictée
hachette-clic.fr/22fl5c120

Je prépare la dictée

1 Entourez le bon homophone.

Il voit *passer / passé* des membres de la famille. Il en *a / à* entendu *parler / parlé*.

Ils semblent *marcher / marché*.

Leur île *a / à couler / coulé*. On est plus fort *a / à* deux.

On ose *aller / allé*.

2 Soulignez la terminaison de ces adjectifs et de ces participes passés employés avec *être*.

Il est vêtu. Elle est vêtue. Ils sont vêtus. Elles sont vêtues.

Il est heureux d'être accompagné. Elle est heureuse d'être accompagnée.

Ils sont heureux d'être accompagnés. Elles sont heureuses d'être accompagnées.

3 Recopiez les mots suivants et retenez-les.

de bric et de broc : ....

une île : ....

un wagon : ....

ensemble : ....

tout seuls : ....

la gare routière : ....

J'écris la dictée

Titre : ....

....

....

....

....

....

....

....

....

....

Je corrige mes erreurs

Après correction en classe, rectifiez :

– les erreurs sur les terminaisons homophones en /E/ et en [i] : ....

....

– les erreurs sur les mots homophones : ....

....

– les erreurs d'accord du participe employé avec *être* : ....

....

– les erreurs d'orthographe : ....

....

42 Synonymes – Antonymes

Écouter la leçon
hachette-clic.fr/22fl5c101

- Les **synonymes** sont des mots ayant un **sens identique** ou très **proche** :
savant, cultivé, clerc.
Un même mot peut avoir des **synonymes différents selon le contexte** :
un rocher ***dur*** *(= résistant) ; un suzerain* ***dur*** *(= impitoyable).*
- Les **antonymes** sont des mots ayant des **sens contraires** :
savant ≠ ignorant ; la connaissance ≠ l'ignorance ; savoir ≠ ignorer.

✱ 1 Associez à chaque emploi de *douce* le synonyme qui convient : aimable • délicate • estompée • peu escarpée • moelleuse • sucrée • non salée.

1. Cette variété de raisins a une saveur douce. .... **2.** Ces poissons vivent dans l'eau douce des rivières. .... **3.** Je m'enivre de la douce odeur de ces roses. .... **4.** Cette pièce est baignée d'une lumière douce. .... **5.** Le velours lisse est une étoffe très douce. .... **6.** Le sentier monte en pente douce. .... **7.** Lim est une femme douce et souriante. ....

✱ 2 Associez à chaque groupe nominal de l'exercice 1 un de ces antonymes de *douce* : acide • âcre • méchante • raide • rêche • salée • vive.

1. une saveur .... **2.** l'eau .... **3.** l'odeur .... **4.** une lumière .... **5.** une étoffe .... **6.** en pente .... **7.** une femme ....

✱ 3 Inscrivez dans chaque domino le synonyme qui convient : adversaire • jeune • affection • indépendance • discorde • accord.

adolescent	....
rival	....
autonomie	....
tension	....
tendresse	....
harmonie	....

✱✱ 4 Proposez un mot pour compléter chaque série de synonymes.

1. duper, flouer, leurrer, ...
2. félon, hypocrite, ...
3. relations, liens, ...
4. fiable, fidèle, ...

✱✱ 5 Récrivez le texte en employant un synonyme pour chaque terme en gras.

Les jeunes revendiquent souvent leur **indépendance** même si leur **tendresse** pour leur famille reste très forte. Leurs **liens** avec les autres sont parfois sources de **discordes**, le plus souvent sources d'**accord**. Un ami **fiable** ne cherchera jamais à **tromper** celui qui a sa confiance.

....
....
....

43 Formation des mots

Écouter la leçon
hachette-clic.fr/22fl5c102

Formation des mots par dérivation et familles de mots

- La plupart des mots se forment par **dérivation** à partir d'un radical qui **porte le sens du mot**, auquel on ajoute un préfixe (élément qui précède) et/ou un suffixe (élément qui suit) (voir leçon 44).

tour → *en / tour / age*
préfixe radical suffixe

- L'**ensemble de mots** qui ont le même radical forme une famille de mots ; un rapport de sens réunit les mots d'une même famille.

cheval → ***chevalier, chevalerie, chevalin, chevaucher, cavalier, cavalerie***

Dans une même famille, le radical peut prendre des **formes différentes** :
chevalier, chevaucher, cavalier.

Les mots d'une même famille appartiennent à des **classes de mots différentes** :
chevalier (nom), *chevaucher* (verbe), *chevalin* (adjectif).

✶ 1 a. Soulignez de couleurs différentes tous les mots des familles des deux mots en gras.

À la cour du **roi** Arthur sont organisées de grandes **fêtes** qui célèbrent la puissance royale. Dans ces moments festifs, la royauté est mise à l'honneur : chacun festoie durant les banquets. Les nobles seigneurs du royaume fêtent les victoires de leur suzerain.

b. Quelles sont les formes de radical pour chaque famille ? ....

✶ 2 Complétez les phrases suivantes à l'aide de mots de la famille de *arm-*.

1. Le suzerain a convoqué toute son .... pour livrer bataille. 2. L'.......... d'un chevalier se compose notamment d'une cuirasse, d'une épée et d'une lance. 3. Les premières .... à feu sont apparues au XIIIe siècle ; depuis, l'.......... n'a cessé d'évoluer. 4. Un écu portait les .... de la famille du chevalier. 5. Celui qui fabriquait la lance, l'épée et le heaume du chevalier se nommait un ....

✶ 3 Placez au bon endroit ces mots formés sur le radical latin *scutum*, « le bouclier » : écuyer • écusson • écurie • écu.

1. Le chevalier se protège avec son ....
2. Son .... l'a aidé à enfiler son armure.
3. Il lui a choisi le meilleur cheval dans l'..........
4. Le mur de la grande salle du château est orné d'un .... aux armes de la famille.

✶✶ 4 Complétez ces phrases à l'aide de mots de la famille de *lance*.

1. Le jongleur .... ses balles en l'air. 2. Le plongeur .... du plongeoir des dix mètres. 3. L'athlète prend son .... avant de sauter. 4. En période de crise, la .... économique est difficile. 5. On procède aujourd'hui au .... de la fusée *Ariane*.

Écouter la leçon
hachette-clic.fr/22fl5c103

Formation des mots par composition

- Un mot peut être formé par **composition** en associant :
  – des mots de la langue française : *château fort, mademoiselle, chauve-souris* ;
  – des éléments d'origine grecque ou latine : *mono/tone* (« qui a un seul ton »).
- Les **mots composés** peuvent se présenter en **un** ou **plusieurs mots** ; certains comportent un trait d'union : *portefeuille, pomme de terre, rez-de-chaussée.*

5 Soulignez de deux couleurs différentes les noms composés d'un nom et d'un adjectif et ceux composés de deux noms.

Le menu se composait de choux-fleurs, de pommes de terre, de tomates-cerises, de haricots verts et de patates douces.

6 De quels éléments les mots *vidéoconférence* et *vidéoprojection* sont-ils composés ?

....

7 Associez les mots qui vont ensemble afin de former des noms composés.

chemin •	• à vis	chef •	• -arts
basse •	• de ronde	beaux •	• à cordes
escalier •	• -cour	instrument •	• -d'œuvre

8 a. Soulignez l'élément commun à ces noms.

pisciculteur | agriculteur | horticulteur | viticulteur | ostréiculteur | apiculteur

b. Lequel de ces noms signifie :

– « qui cultive les champs » ? ....
– « qui cultive le vin » ? ....
– « qui cultive les jardins » ? ....
– « qui élève des huîtres » ? ....
– « qui élève des abeilles » ? ....
– « qui élève des poissons » ? ....

Vous pouvez vous aider d'un dictionnaire.

9 a. Soulignez dans le texte le mot formé avec un préfixe.

Quand tous les trois furent en selle, ils se mirent en route avec la permission de leur hôte qui les avait reçus et honorés aussi bien qu'il avait pu le faire. Jusqu'au crépuscule, ils ne cessèrent de chevaucher.

b. Donnez deux mots de la même famille. ....

c. Donnez deux mots de la famille de *chevaucher*. ....

10 Je rédige

Rédigez un petit texte dans lequel vous emploierez au moins trois noms formés dans l'exercice 7.

....
....
....

44 Préfixes et suffixes latins et grecs

Je découvre

1 a. Soulignez l'élément commun à chaque liste de mots.

A. infidèle • indéfini • inégal • indélicat • incroyable

B. périmètre • périphérique • périscolaire

b. Où cet élément est-il placé dans le mot ? ....

c. Que signifie l'élément hérité du latin (liste A) ? ....

d. Que signifie l'élément hérité du grec (liste B) ? ....

2 a. Soulignez l'élément commun à ces mots : paternité • royauté • souveraineté.

b. Où cet élément est-il placé dans chaque mot ? ....

c. Quelle est la classe grammaticale de ces mots ? ....

Écouter la leçon
hachette-clic.fr/22fl5c104

- Les préfixes, placés avant le radical, en **modifient le sens**.
- Les préfixes latins sont les plus nombreux. Certains, très fréquents, changent au contact du radical :
  - *ad-* (*a-*, *ac-*, *ag-*, *ap-*, *att-*), « vers » : ***ad**mettre, **ac**cueillir* ;
  - *co-* (*col-*, *com-*, *con-*, *cor-*), « avec » : ***co**propriétaire, **com**parer* ;
  - *ex-* (*em-*, *e-*), « hors de » : ***ex**porter, **em**porter* ;
  - *in-* (*il-*, *im-*, *ir-*), « le contraire de, dans » : ***in**séparable, **im**porter*.
- Principaux préfixes grecs :
  - *anti-* (*ant-*), « contre » : ***anti**pathie* ;
  - *hyper-*, « au-dessus de » : ***hyper**marché* ;
  - *méta-*, « changement » : ***méta**morphose* ;
  - *péri-*, « autour » : ***péri**mètre* ;
  - *dia-*, « à travers » : ***dia**mètre* ;
  - *hypo-*, « en dessous de » : ***hypo**tension* ;
  - *para-*, « à côté de, contre » : ***para**lympique, **para**pluie* ;
  - *syn-* (*sym-*, *syl-*), « avec » : ***sym**pathie*.

3 Formez le contraire des adjectifs suivants à l'aide d'un préfixe.

légal : .... mobile : .... pair : .... fatigable : ....
réalisable : .... patient : .... satisfait : .... réel : ....

4 Formez des mots à l'aide des préfixes demandés en les modifiant selon le radical qui suit.

ad- : ....mener • ....crocher • ....hérer • ....porter • ....jectif • ....tirer
co- : ....latéral • ....parer • ....fronter • ....respondre • ....mettre • ....opérer
ex- : ....merger • ....mener • ....traire • ....migration • ....iler • ....haler

5 En vous servant de préfixes grecs, formez les mots qui correspondent à ces définitions.

1. ligne tracée d'un angle à l'autre : ....
2. lignes qui ne se rencontrent pas : ....
3. mots de même sens : ....
4. mots de sens contraires : ....

6 **En vous servant des mots de la liste, complétez le tableau :** céder • rompre • nom • animer • poser • former • porter • naissance • mission • jeter.

Un même radical peut être précédé de plusieurs préfixes.

Préfixes	Sens	Exemples
dé-	suppression, de haut en bas	*décéder,* ....
inter-	entre	....
pro-	à la place de, en avant	....
re- / ré-	en arrière, à nouveau	....
trans-	à travers	....

- Les **suffixes** se placent **après** un radical ou un mot dont ils modifient généralement la classe grammaticale.
- Des suffixes d'origine latine servent à former de nombreux **noms féminins** :
  – *-eur* : *chal**eur*** ;
  – *-té* : *liber**té*** ;
  – *-ion*, *-ation*, *-ition*, *-otion*, *-ution* : *relig**ion**, imagin**ation**, add**ition**, ém**otion**, révol**ution***.

Écouter la leçon
hachette-clic.fr/22fl5c105

7 **À partir des adjectifs proposés, formez des noms et rangez-les dans la valise appropriée.**

raide • majeur • doux • cher • froid • clair • ardent • sain • dense • mineur • moite

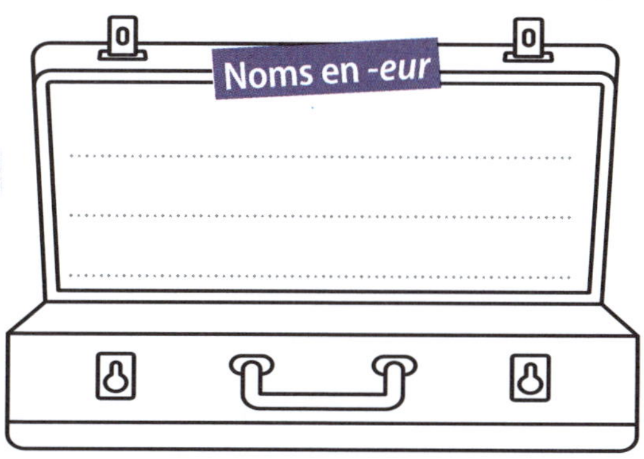

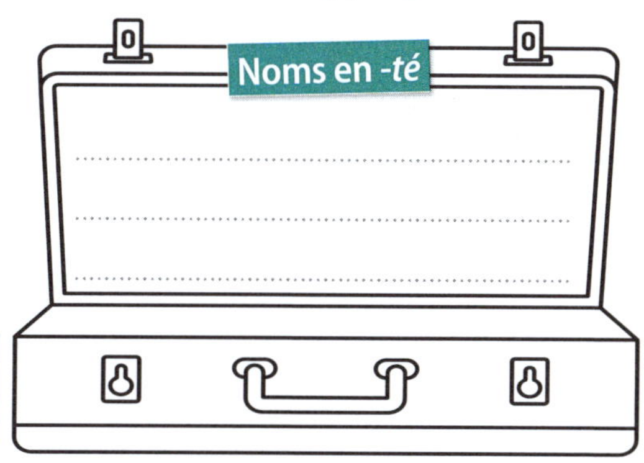

8 **Inscrivez dans chaque rectangle le suffixe qui convient au radical :** -ion • -ation • -ition • -otion • -ution.

1. adapt[............] 2. résol[............] 3. locom[............] 4. opin[............] 5. expéd[............]

9 **Formez six noms terminés par le suffixe *-ion* à l'aide de ces préfixes et de ces radicaux.**

Préfixes : con- • inter- • per- • pré- • pro- • ré-

Radicaux : -dict- • -duct- • -fect-

....

....

10 **Formez des noms à partir de ces adjectifs.**

lent → .... • humain → .... • pâle → .... • loyal → ....

11 **Je rédige**

Employez les noms de l'exercice 10, chacun dans une phrase qui mette en évidence son sens.

....

....

....

45 Histoire des mots

Je découvre

1 **a. Dans cette phrase, soulignez les noms qui s'emploient encore aujourd'hui.**

Chaque chevalier avait une lance solide et donnait des coups terribles, tout en cherchant à se protéger avec son écu.

b. Donnez un synonyme moderne du nom que vous n'avez pas souligné. ....

2 **a. Comparez les mots en gras des phrases A et B : quelle lettre a disparu ?** ....

A. Il vit en songe la **teste** d'or riche et pure.
(Guillaume de Machaut, XIVe siècle)

B. Il vit en songe la **tête** d'or riche et pure.

b. Par quoi cette lettre est-elle remplacée ? ....

Écouter la leçon
hachette-clic.fr/22fl5c106

- Le français actuel provient de l'**ancien français**, lui-même hérité du **latin**.
- Au fil des siècles :
  → certains mots ont **disparu** : *palefroi*, « cheval de parade » ;
  → d'autres ont **changé de sens** : au Moyen Âge, *un bourgeois* désignait celui qui habitait un gros village (un bourg) ; aujourd'hui, il désigne une personne aisée ;
  → de nombreux mots se sont **transformés** : ainsi, parfois, le « ***s*** » a été remplacé par un **accent circonflexe** : *fenestra* (latin) → *fenestre* (ancien français) → *fenêtre.*
- Certains mots sont formés à partir du **latin savant**, d'autres du **latin populaire** et **oral**.
  equus (latin savant) → *équestre* *caballus* (latin populaire) → *cheval*

3 **Les mots en gras sont employés avec leur sens médiéval : employez chacun d'eux dans une phrase qui exprimera son sens moderne.**

1. Les chevaliers affrontent avec courage les **hasards** de la guerre.

....

2. Un **vilain** était un paysan libre.

....

3. Les **champions** s'affrontaient en tournoi, devant leur suzerain.

....

4 ***Hôte* et *hôpital* proviennent du latin *hospitis* (« celui qui accueille ») : retrouvez les mots de cette double famille qui correspondent aux définitions suivantes.**

1. Lieu où dorment des voyageurs : .... ou ....
2. Personne qui tient une auberge : ....
3. Accueillant : ....
4. Action d'accueillir chez soi : ....
5. Maison pour personnes âgées : ....
6. Action de faire entrer dans un hôpital : ....

Attention, certains mots comportent un « s », d'autres un accent circonflexe.

Écouter la leçon
hachette-clic.fr/22fl5c107

- Un même mot latin peut donner en français un **doublet** (deux mots de sens proche) : un mot transmis oralement du latin populaire et peu à peu transformé et un mot d'origine savante, formé directement sur le mot latin.
strictus (latin, « étroit ») → *étroit* (mot populaire), *strict* (mot savant).

5 Pour chaque racine latine, indiquez à côté du mot populaire : a. le mot savant de même classe grammaticale ; b. le sens de ce mot savant.

captare (« chercher à prendre ») : chasser — a. capter — b. chercher à obtenir

incantare (« chanter ») : enchantement — a. .... — b. ....

integer (« intact ») : entier — a. .... — b. ....

eradicare (« déraciner ») : arracher — a. .... — b. ....

Écouter la leçon
hachette-clic.fr/22fl5c108

- Au Moyen Âge, le français s'est enrichi au contact d'autres langues, parmi lesquelles :
→ les **langues germaniques**, dont le **francique**, à la suite des invasions : *un bourg* (de *Burg*, « forteresse ») ;
→ l'**arabe**, lors des croisades : le mot *sifr*, « vide », a donné *chiffre* (qui a d'abord signifié « zéro ») puis *zéro* ;
→ l'**espagnol**, enrichi des langues des Caraïbes et d'Amérique à la suite des grandes découvertes : *canoë*, *canot*.

6 Les Francs étaient des guerriers et des paysans : replacez ces mots, hérités du francique, sur l'arbre qui convient : jardin • blesser • haie • dard • épieu • troupeau • guerre • blé • hêtre.

7 Replacez ces noms en A ou B selon la région d'origine du mot : avocat • cacahuète • cacao • café • chocolat • estragon • nénuphar • orange • pastèque • patate • tomate.

Aidez-vous d'un dictionnaire !

A. le nord de l'Afrique : ....

B. les Antilles et l'Amérique du Sud : ....

....

8 a. Donnez le dérivé savant issu du latin, correspondant à chaque dérivé populaire en gras.

b. Employez chacun de ces dérivés savants dans une phrase.

1. a. ***cueillette*** provient du latin *collectio* (« action de rassembler ») : ....
   b. ....

2. a. ***sanglier***, du latin *singularis* (« unique, seul »), signifie « cochon solitaire » : ....
   b. ....

9 Rédigez deux phrases en employant *tournoi* avec son sens médiéval puis avec son sens moderne.

....

....

46 La polysémie : sens propre et sens figuré

Écouter la leçon
hachette-clic.fr/22fl5c109

- Certains mots (le plus souvent techniques, scientifiques) n'ont qu'un sens : *un hélicoptère, un polygone.*
- La plupart des mots ont plusieurs sens. Ils sont polysémiques : *la **piste** d'un animal* (la trace), *la **piste** de ski* (le parcours), *la **piste** de l'enquêteur* (les indices).
- Le sens propre est le **sens premier** du mot. *Le jardinier creuse un **trou** dans la terre* (cavité).
- Le sens figuré, souvent imagé, est le sens supplémentaire d'un mot employé dans un autre contexte. Un mot peut avoir plusieurs sens figurés. *Ma grand-mère a des **trous** de mémoire* (pertes). *J'ai un **trou** dans mon emploi du temps* (créneau).

*** 1 Entourez les mots en gras qui sont employés dans un sens figuré.**

1. a. Jules a un caractère **volcanique** et violent. b. Les habitants sont évacués à cause d'une éruption **volcanique.** 2. a. Les **éléphants** ont des défenses en ivoire. b. Elle a une mémoire d'**éléphant** : elle retient tout ! 3. a. La **pluie** a inondé toute la région. b. L'actrice reçoit une **pluie** de compliments pour son interprétation. 4. a. Le jeune homme **dévore** des yeux sa Dame. b. Le lion **dévore** sa proie.

*** 2 Entourez les mots polysémiques.**

pantalon — chemise — tabouret — manteau — lit — col — avion

*** 3 Répondez aux questions pour trouver des mots polysémiques.**

1. Quel verbe peut être suivi de ces compléments : à cheval, une pente, un meuble ? ....

2. Quel verbe peut compléter ces deux phrases ? .... Les cavaliers .... de grands poneys. Ses traits de crayon ne sont pas droits : ils se ....

3. Quel est le verbe qui peut être suivi de ces compléments : un col, une porte, la frontière, un examen, un entretien ? .... 4. Quel adjectif peut qualifier un œuf et un exercice ? ....

*** 4 Remplissez cette grille de mots croisés polysémiques à partir de leurs définitions.**

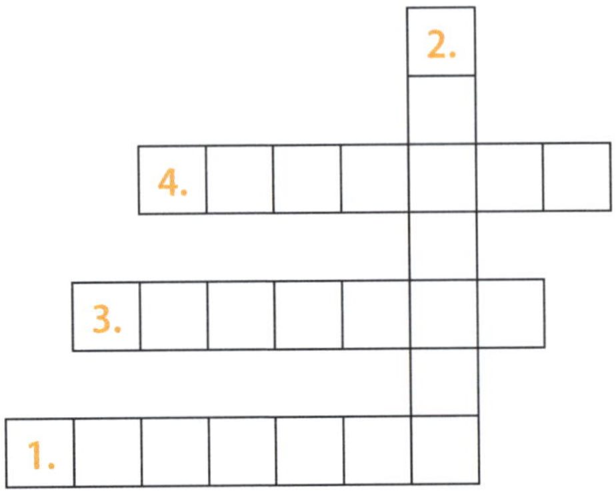

Définitions :
1. Partie d'un escalier ou défilé
2. Danseuse ou astre
3. Rongeur ou périphérique informatique
4. Pour fermer un vêtement ou pour sonner à la porte

5 **a. Soulignez les mots polysémiques qui s'emploient aussi en mathématiques, en géographie ou en biologie. b. Employez chacun de ces mots dans une phrase qui mettra en évidence son sens scientifique.**

1. a. Pour Noël, Samantha voudrait une chaîne hi-fi.

b. ……………………………………………………………………………

2. a. Le serveur porte des tasses sur son plateau.

b. ……………………………………………………………………………

3. a. Pour skier, elle a acheté un pantalon fuseau.

b. ……………………………………………………………………………

4. a. Cet homme porte une espèce de chapeau bizarre.

b. ……………………………………………………………………………

5. a. Réaliser une maquette est une opération délicate.

b. ……………………………………………………………………………

6. a. Ce chantier a nécessité une somme de travail.

b. ……………………………………………………………………………

6 **a. Employez chacun de ces mots dans deux phrases de sens différents.**
b. Précisez si le mot est employé au sens propre ou figuré.

1. table :

……………………………………………………………………………

……………………………………………………………………………

2. bond :

……………………………………………………………………………

……………………………………………………………………………

3. trait :

……………………………………………………………………………

……………………………………………………………………………

4. clair :

……………………………………………………………………………

……………………………………………………………………………

5. fondre :

……………………………………………………………………………

……………………………………………………………………………

6. foudroyer :

……………………………………………………………………………

……………………………………………………………………………

47 Le champ lexical du voyage

Je découvre

★ 1 Parmi les mots suivants, entourez ceux que vous associez au nom « voyage ».

enfermement — déplacement — découverte — échanges — curiosité — commerce — danger — espace — prison — racine — horizon

★ 2 a. En vous aidant des mots de l'exercice 1, proposez une définition du nom « voyage ».

....

....

b. Comment nomme-t-on :

– un voyage à travers un océan : ....

– une personne qui voyage pour découvrir une contrée inconnue : ....

– un voyage à la manière d'Ulysse : ....

– une personne qui voyage : ....

– le fait de voyager pour ses loisirs : ....

Écouter la leçon
hachette-clic.fr/22fl5c110

- On nomme **champ lexical** l'ensemble des mots qui correspondent à une même notion : *voyage, explorer, spatial*…
- Le nom **voyage** vient du latin *viaticum*, « argent pour le voyage ». Aujourd'hui, on appelle un **viatique** l'argent ou les provisions que l'on donne pour faire un voyage.

Au Moyen Âge et à la Renaissance, des voyageurs sont partis à la découverte du monde. Aujourd'hui, le voyage s'est démocratisé et de nombreuses personnes pratiquent le tourisme ou voyage d'agrément.

★★ 3 a. Reliez chaque nom de la colonne A à la définition de la colonne B qui lui correspond.

A	B
traversée •	• voyage vers un lieu saint
périple •	• circuit en groupe
randonnée •	• parcours à suivre
croisière •	• court voyage d'étude ou d'agrément
excursion •	• très grand voyage
itinéraire •	• marche de longue durée
tour organisé •	• voyage d'agrément en mer
pèlerinage •	• voyage maritime pour rejoindre un port

b. Complétez les phrases à l'aide de noms du a.

1. Entre Marseille et Bastia, la .... fut dangereuse car la mer était agitée. 2. Ils avaient bien préparé leur .... avant de partir en .... sur les hauts plateaux. 3. Mes amis ont fait une agréable .... en Méditerranée. 4. Nous avons fait notre .... sur les sentiers corses.. 5. Ces voyageurs ont parcouru la Chine et l'Inde à vélo : un vrai .... !

4 Lequel de ces noms utiliseriez-vous pour :

– un voyage vers Saint-Jacques-de-Compostelle, Lourdes ou La Mecque ? ……………………………………

– un voyage scientifique dans la forêt amazonienne ? ……………………………………

– le voyage du roi Saint Louis et de ses chevaliers à Jérusalem ? ……………………………………

– un voyage dans l'espace ? ……………………………………

5 Recopiez ces moyens de transport à côté du dessin qui convient : train • fusée • chaloupe • hélicoptère • sous-marin • vélomoteur • diligence • aéronef • camion • paquebot • ferry • montgolfière • autocar • bus • cargo • péniche • ULM • ballon.

……………………
……………………
……………………
……………………
……………………
……………………
……………………

……………………
……………………
……………………
……………………
……………………
……………………
……………………

……………………
……………………
……………………
……………………
……………………
……………………
……………………

6 Recopiez la définition qui correspond à chaque expression : un voyage éprouvant • partir • un voyage de plusieurs mois en bateau • la mort • parvenir à destination • une pochette qui contient des produits utiles en voyage.

– une trousse de voyage : ……………………………………

– le dernier voyage : ……………………………………

– une odyssée : ……………………………………

– larguer les amarres : ……………………………………

– un voyage au long cours : ……………………………………

– arriver à bon port : ……………………………………

7 Proposez pour chaque verbe : a. le nom masculin ; b. le nom féminin de la personne qui pratique l'activité ; c. le nom de l'activité.

1. randonner : a. un …………………… ; b. une …………………… ; c. la ……………………
2. explorer : a. un …………………… ; b. une …………………… ; c. l'……………………
3. naviguer : a. un …………………… ; b. une …………………… ; c. la ……………………
4. voyager : a. un …………………… ; b. une …………………… ; c. le ……………………

8 Je rédige **Rédigez un bref récit de voyage.**

Vous emploierez le plus possible de mots de la leçon, que vous soulignerez.

……………………………………………………………………
……………………………………………………………………
……………………………………………………………………

48 Le champ lexical de la famille, des amis et des réseaux

Je découvre

✶ 1 Classez ces mots dans la valise qui convient.

indépendance

bande – autonomie – égoïsme – individualisme – équipe – union – partage

isolement – exclusion – ensemble – entraide – association – solitude – collectivité

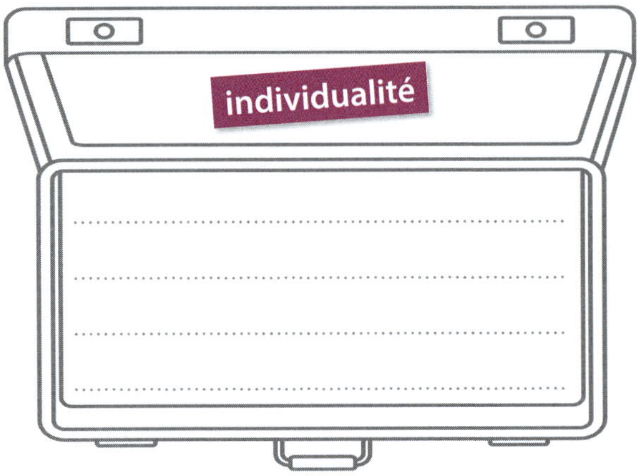

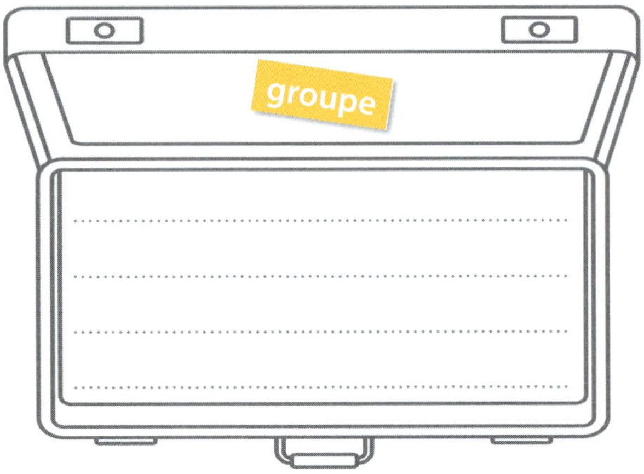

✶ 2 Classez les noms suivants selon qu'ils expriment une relation sociale harmonieuse ou conflictuelle.

respect – contestation – entente – opposition – affection – solidarité – tension

rébellion – désaccord – insoumission – bienveillance – estime – désobéissance

Relation sociale harmonieuse :

....

Relation sociale conflictuelle :

....

- Les **relations sociales** se tissent au sein de la **famille**, dans un réseau d'**amis** ou un **contexte sportif, culturel,** d'**études** ou de **travail.**
- La famille est un lieu éducatif où se transmettent des valeurs.
- « Réseau » vient de l'ancien français *reiz*, « filet ». Un **réseau social** est constitué d'un groupe de personnes ayant des centres d'intérêt communs, qui échangent sur Internet.
- Les relations sociales peuvent être vécues harmonieusement ou aboutir à des crises.

Écouter la leçon
hachette-clic.fr/22fl5c111

✶ 3 Reliez chaque groupe nominal à sa définition.

une fratrie •	• les enfants des oncles et tantes
une famille monoparentale •	• famille formée d'un couple et d'enfants nés d'une précédente union
une famille recomposée •	• époux d'une fille par rapport aux parents de celle-ci
un gendre •	• des frères et sœurs d'une même famille
des cousins •	• les ancêtres de la famille
des aïeux •	• famille constituée d'un seul parent et de ses enfants

4 **Classez ces noms selon qu'ils sont synonymes ou antonymes du nom *amitié* :** séparation • affinité • malveillance • concorde • accord • hostilité • attachement • tendresse • sympathie • répulsion • antipathie • cordialité • entente • aversion • haine • fraternité • camaraderie.

Synonymes	Antonymes
....	....
....	....
....	....
....	....

5 **Qualifiez une amitié en remplaçant la proposition subordonnée relative par un adjectif.**

une amitié qui unit des frères : .... ; une amitié qui naît : .... ; une amitié qui dure : .... ; une amitié qu'on ne peut dissoudre : .... ; une amitié qui n'est pas fragile : .... ; une amitié qui a du prix : ....

6 **Indiquez le nom correspondant à chaque adjectif qualifiant un ami.**

discret : .... ; généreux : .... ; courageux : .... ; sincère : .... ; optimiste : .... ; gentil : .... ; attentionné : .... ; gai : .... ; disponible : .... ; fidèle : .... ; loyal : .... ; serviable : ....

7 **a. Donnez le verbe correspondant à chacun de ces groupes verbaux.**

– apporter de la satisfaction : .... (......) – créer de l'ennui : .... (......)
– créer un ravissement : .... (......) – rendre content : .... (......)
– causer du chagrin : .... (......) – créer du désespoir : .... (......)
– faire preuve de tolérance : .... (......) – avoir une capacité d'écoute : .... (......)

b. Notez à côté des verbes s'ils expriment une attitude favorable F ou défavorable D à l'amitié.

8 **Classez ces mots selon qu'ils sont associés aux réseaux sociaux A. comme lieux d'échanges ou B. comme « filets » qui emprisonnent les individus :** cercle • cyberdépendance • harcèlement • insultes • lien • menaces • partage • rumeur.

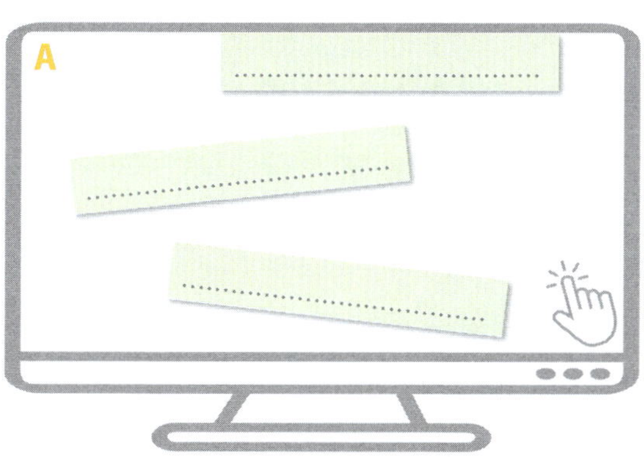

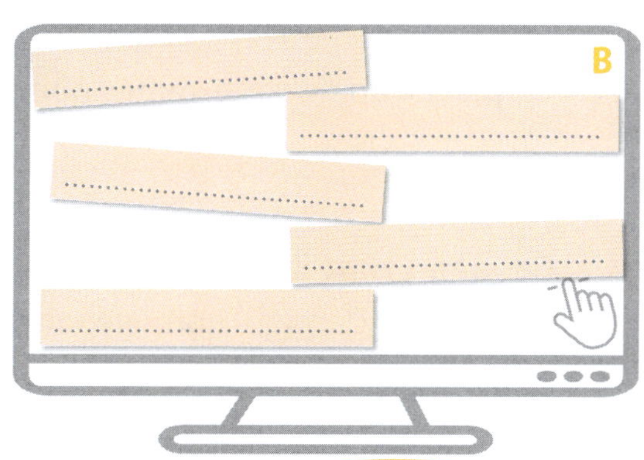

9 **Je rédige**

Partagez-vous ce point de vue de La Fontaine, un auteur du XVIIe siècle, à propos de l'amitié : « Qu'un ami véritable est une douce chose ! » ?

Vous répondrez en un paragraphe en employant le plus possible de mots de la leçon, que vous soulignerez.

49 Le champ lexical de l'héroïsme

Je découvre

1 a. Proposez une définition de *héros*. ....

....

b. Quel est le féminin de « un héros » ? ....

c. Donnez l'adjectif de la même famille. ....

- Dans la mythologie, un **héros** est un être fabuleux, la plupart du temps d'origine mi-divine, mi-humaine, qui devient un dieu après sa mort.
- De nos jours, un **héros** est quelqu'un qui défend les autres avec courage et agit au service d'un idéal moral en se dévouant.

Écouter la leçon
hachette-clic.fr/22fl5c112

2 a. Recopiez ces adjectifs en les classant sous « courage » ou sous « lâcheté » : couard • poltron • hardi • vaillant • lâche • peureux • craintif • timoré • audacieux • intrépide • héroïque • brave • pleutre • valeureux.

Courage	Lâcheté
....	....
....	....
....	....
....	....

b. Formez des noms à partir des adjectifs du a.

Le courage : ....

....

La lâcheté : ....

Attention, on ne peut pas former un nom sur tous les adjectifs.

3 a. Dans cette liste de groupes nominaux, rayez l'intrus : le courageux guerrier • le vaillant jeune homme • le hardi personnage • le chevalier pleutre • le bon sauveur • le vigoureux gaillard.

b. Employez un de ces groupes nominaux dans une phrase qui met son sens en valeur.

....

4 a. Ces noms sont-ils des antonymes ☐ ? des synonymes ☐ ?

péril • écueil • danger • épreuve • risque • aventure

b. Soulignez en bleu les noms masculins, en noir les noms féminins.

c. Employez « écueil » dans une phrase où il aura son sens propre.

....

5 Complétez les phrases suivantes en employant les noms de l'exercice 4. a.

1. Le chevalier s'élance dans le tournoi, au .... de sa vie.
2. La vie est pleine d'............................... qu'il faut apprendre à éviter.
3. Il est prêt à prendre tous les .... venir en aide aux sinistrés.
4. Elle affronte les .... sans trembler.
5. Il rêve de mener une vie d'............................... parsemée d'...............................

N'oubliez pas les accords !

6 a. Reliez les adjectifs qui sont synonymes.

effrayant •	• insoupçonné
infranchissable •	• inévitable
perfide •	• terrible
imminent •	• insurmontable
grave •	• fatal
inconnu •	• insidieux
mortel •	• menaçant
inéluctable •	• sévère

b. Ces adjectifs servent-ils à qualifier : un héros ? ☐ un danger ☐ ?

7 Complétez ces expressions par un nom qui leur est commun.

a. voir, courir, affronter, sentir, flairer, fuir, éviter le .... b. avertir du ....
c. la conscience, la crainte, la menace du .... d. à l'approche, à l'heure, en face du ....
e. au milieu, à l'abri des .... f. en cas de ....

8 a. Rayez les verbes qui ne conviennent pas pour exprimer les actions d'un héros : s'emparer • foncer • charger • geindre • s'élancer • affronter • vaincre • dominer • se dissimuler • se tapir • bondir • protéger.

b. Complétez les phrases avec des verbes du a. que vous conjuguerez au présent de l'indicatif.

1. Le hardi chevalier .... contre le baron félon. 2. Le héros .... ses adversaires avec courage. 3. Le héros .... ses ennemis par sa vaillance. 4. Le valeureux roi .... de la citadelle. 5. L'écuyer .... et .... son seigneur.

9 Complétez ces phrases avec les verbes qui conviennent : se dévouer • vouer (à) • se sacrifier • consacrer. **Vous les conjuguerez au passé composé de l'indicatif.**

1. Ce soldat est mort en protégeant son camarade : il .... pour lui.
2. Mère Teresa .... sa vie aux gens les plus pauvres de l'Inde.
3. Ce jeune homme intrépide .... en se portant volontaire pour cette mission risquée.
4. Cette femme .... sa vie à secourir les gens jetés à la rue.

10 Je rédige

Rédigez un bref article de journal pour raconter l'action héroïque d'un(e) jeune qui a porté secours à quelqu'un.

Vous emploierez le plus possible de mots de la leçon, que vous soulignerez.

50 Figures de style

Je découvre

1 a. Lisez le texte.

Ta tête, ton geste, ton air
Sont beaux comme un paysage ;
Ton rire joue en ton visage
Comme un vent frais dans un ciel clair.

Charles Baudelaire, « À celle qui est trop gaie », *Les Fleurs du Mal*, 1857

b. Recopiez les deux comparaisons.

....

....

....

c. Entourez le mot qui introduit les comparaisons.

2 a. Observez les mots soulignés : les éléments naturels sont-ils présentés comme des éléments inanimés ou comme des personnes ?

....

Campagnes vers le soir

Le couchant mal cicatrisé
fait encore souffrir le soir.
Tremblantes, les couleurs se pelotonnent
aux entrailles des choses.
Dans la chambre vide
la nuit fermera les miroirs.

Jorge Luis Borges, *Ferveur de Buenos Aires*, trad. J. P. Bernès et N. Ibarra, © Gallimard, 1976.

b. Quelle image du coucher de soleil ces mots donnent-ils ?

....

- Les **figures de style** sont des **images littéraires**, des façons d'**associer des mots**, des idées. Elles contribuent à créer une **atmosphère poétique**.
- La **comparaison** associe deux éléments qui ont au moins **une caractéristique commune**, au moyen d'un **mot de comparaison**.
  Les mots exprimant la comparaison sont :

Écouter la leçon
hachette-clic.fr/22fl5c113

des conjonctions	*comme*, *de même que*, *ainsi que*	*Tu te pavanes* ***comme*** *un paon.*
des verbes	*ressembler à …*	*Tu* ***ressembles*** *à un paon.*
des adjectifs	*pareil à …*, *semblable à …*	*Tu es* ***pareil à*** *un paon.*
des adjectifs au comparatif	*aussi* (*plus*, *moins*) *… que*	*Tu es* ***aussi fier qu'****un paon.*
un déterminant indéfini	*tel*	*Tu te pavanes* ***tel*** *un paon.*

3 a. Soulignez les éléments auxquels le globe terrestre est comparé.

Offrons le globe aux enfants, au moins une journée.
Donnons-leur afin qu'ils en jouent comme d'un ballon multicolore […]
Donnons-leur comme une pomme énorme
comme une boule de pain toute chaude,
Qu'une journée au moins ils puissent manger à leur faim. […]

Nâzım Hikmet, « Le globe » (extrait), in *C'est un dur métier que l'exil*, trad. Hasan Gureh, 1951.

b. Quelle est leur caractéristique commune ? ....

c. Entourez le mot exprimant chaque comparaison.

4 a. **Complétez ces phrases avec la comparaison qui convient :** une radio mal réglée • des fées • du champagne • des balles de fusil • des lucioles. b. **Soulignez dans chaque phrase le mot exprimant la comparaison.** c. **Entourez le mot exprimant la caractéristique commune aux deux éléments comparés.**

1. Le crépitement des flammes ressemble à celui .... 2. Les flammes pétillent ainsi que .... 3. Les flammes grésillent, semblables à .... 4. Les flammes dansent, telles .... 5. Les flammes luisent comme ....

- La **métaphore** associe deux éléments **de façon sous-entendue, sans mot de comparaison.** Elle peut être filée, développée sur un long passage : *Le voleur détala à toute vitesse : un vrai lapin !*
- La **personnification** présente une chose, une idée **comme une personne.** *L'armoire murmurait les secrets de la famille.*

Écouter la leçon
hachette-clic.fr/22fl5c114

5 **Soulignez les figures de style et indiquez pour chacune s'il s'agit d'une métaphore ou d'une personnification.**

1. Le chevalier brûle d'amour pour sa dame. (....................................) 2. L'épée de Roland est sa meilleure amie. (....................................) 3. Son regard lançait des flammes. (....................................) 4. Le désert avalait les voyageurs imprudents. (....................................)

6 a. **Quel phénomène l'image de la « bête » sert-elle à décrire dans le texte ?** ....

La bête souple du feu a bondi d'entre les bruyères [...] elle a rompu les bras et fatigué les cervelles de tous les gars. Comme l'aube pointait, ils l'ont vue plus robuste et plus joyeuse que jamais, qui tordait parmi les collines son large corps pareil à un torrent. C'était trop tard.

Depuis, elle a poussé sa tête rouge à travers les bois et les landes ; son ventre de flammes suit ; sa queue, derrière elle, bat les braises et les cendres. Elle rampe, elle saute, elle avance.

Jean Giono, *Colline*, © Grasset & Fasquelle, coll. « Cahiers verts », 1929.

b. **De quelle figure de style s'agit-il ?** ....
Soulignez les termes du texte qui la développent.

c. **De quelle bête s'agit-il ?** .... d. **Relevez une comparaison.** ....

e. **Quelle atmosphère les figures de style créent-elles ?**

....

7 Je rédige En piochant un mot ou un groupe nominal dans chacune des trois valises, rédigez quatre phrases : deux comportant une métaphore, deux comportant une personnification.

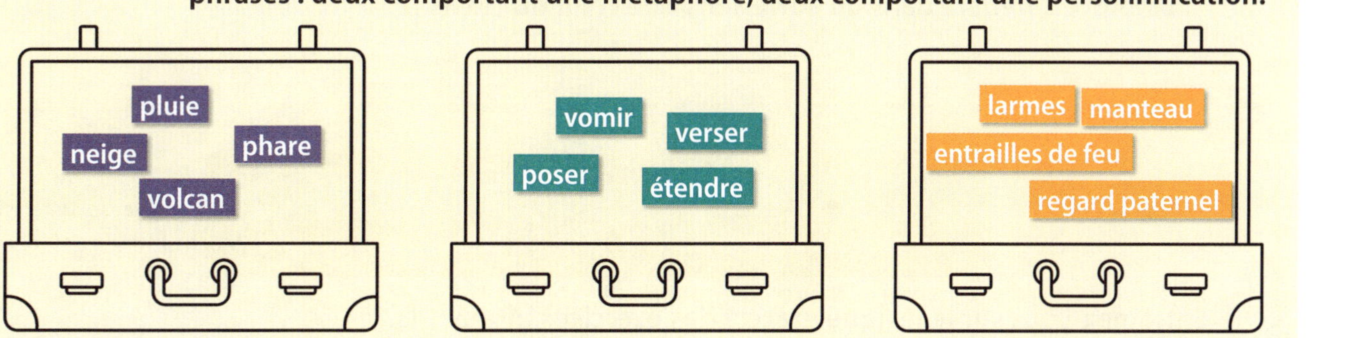

Je vérifie mes connaissances

L'organisation du vocabulaire

MOT : *tendre*

ÉTYMOLOGIE
origine du mot

tendre vient du latin *tener* : « tendre, délicat, frêle », « jeune ».

SYNONYMES
mots de même sens ou de sens proche

Synonymes de *tendre* : *mou, doux, sensible*

FORMATION
préfixe + radical + suffixe

at/ tendriss/ ement

ANTONYMES
mots de sens contraire

Antonymes de *tendre* : *dur, ferme, cruel, impitoyable*

FAMILLE DE MOTS
ensemble de mots ayant la même étymologie

Famille du mot *tendre* : *tendresse, tendrement, attendrir, attendrissement*

NIVEAUX DE LANGUE
manière de s'exprimer selon le contexte

Niveau courant : *tendre*
Niveau soutenu : *amène*
Niveau familier : *ne pas être tendre pour quelqu'un*

CHAMP LEXICAL
ensemble de mots qui correspondent à une même notion

Champ lexical du mot *tendre* : *délicat, doux, douceur, sensibilité, amitié, amour, sentiment...*

POLYSÉMIE
différents sens d'un mot

Tendre : facile à trancher ; sensible ; atténué (ex. rose tendre) ; jeune (ex. les tendres années)

1 **Lisez le texte puis répondez aux questions.**

Le voyageur aperçoit avec joie la <u>rive</u> **boisée**. Il prend sa longue-vue pour mieux discerner à travers les **bosquets** et les **buissons** les maisonnettes <u>disséminées</u> parmi les **arbres touffus**.

a. **Proposez un synonyme pour chaque mot souligné.** ....

b. **Proposez un antonyme de *joie* :** ....

c. **Observez les mots en gras : à quel champ lexical appartiennent-ils ?** ....

d. **Proposez des mots de la famille de *vue* :**

....

e. **Employez *prendre* dans un autre sens que celui du texte.**

....

Je teste mes connaissances sur le lexique

Exercices interactifs
hachette-clic.fr/22fl5c115

Entraînez-vous sur le lexique grâce à des exercices interactifs.

J'évalue mes connaissances et mes compétences

Évaluation 5

« Oh ! pourquoi voyager ? »

« Oh ! pourquoi voyager ? » as-tu dit. C'est que l'âme
Se prend de longs ennuis et partout et toujours ;
C'est qu'il est un désir, ardent comme une flamme,
Qui, nos amours éteints, survit à nos amours !
C'est qu'on est mal ici ! — Comme les hirondelles,
Un vague instinct d'aller nous dévore à mourir ;
C'est qu'à nos cœurs, mon Dieu ! vous avez mis des ailes.
Voilà pourquoi je veux partir !

C'est que le cœur hennit en pensant aux voyages,
Plus fort que le coursier qui sellé nous attend ;
C'est qu'il est dans le nom des plus lointains rivages
Des charmes sans pareils pour celui qui l'entend ;
Irrésistible appel, ranz des vaches[1] pour l'âme
Qui cherche son pays perdu — dans l'avenir ;
C'est fier comme un clairon, doux comme un chant de femme.
Voilà pourquoi je veux partir !

Jules Barbey d'Aurevilly, *Poussières*, 1897.

1. mélodie chantée par les bergers.

Lecture et langue

1. Quelles sont les raisons qui poussent le poète à voyager ?

2. Donnez le nom de la même famille que *ardent* :

3. a. Soulignez les comparaisons. b. Quelle image du voyage donnent-elles ?

4. Quelle figure de style identifiez-vous au vers 7 ?

5. a. Comment le mot *irrésistible* est-il formé ?

b. Donnez au moins un mot formé sur le même radical :

6. « le cœur hennit » a. Quelle est la figure de style employée ?

b. Quel sentiment traduit-elle ?

7. Quel est le synonyme de *coursier* : lion ☐ cheval ☐ ?
Quels mots du texte vous aident à répondre ?

8. Dans la seconde strophe, entourez les mots du champ lexical de l'ouïe.

Écriture

Vous rêvez de partir en voyage. Expliquez ce qui vous motive, vous fait rêver et vers quelle(s) destination(s) vous voudriez partir. Vous veillerez à employer un vocabulaire riche et imagé.

Alphabet phonétique international

Voyelles orales

[i] midi, île, naïf, cygne, hiver

[e] dé, dîner, et, nez, (je) jouai, fœtus, les

[ɛ] belle, mère, être, Noël, veine, est, il naissait, il naît, paquet

[a] patte, à, femme

[ɑ] tas, pâte

[y] sur, sûr, il eut, humeur, rue

[u] chou, où, goût, août

[o] piano, aussitôt, seau, oh, ho, hôpital

[ɔ] bol, Paul, hors, maximum

[ə] le, monsieur

[ø] déjeuner, jeûne

[œ] veuf, œuf, œil, recueil

Voyelles nasales

[ɛ̃] invention, imperméable, main, faim, peindre, examen, synthétique, sympathie

[ɑ̃] tante, lampe, ensemble, paon, vraiment

[ɔ̃] bon, pompier

[œ̃] un, parfum, à jeun

Semi-voyelles

[j] yeux, pieu, œil, paille, fille, hiéroglyphe, hyène

[ɥ] lui, huit

[w] oui, kiwi, moelle, poêle, poil

Consonnes

[p] pape, apprendre

[b] bon, abbé

[t] ton, patte, thon, prend-il

[d] doigt, addition

[k] coq, que, kiwi, accord, acquitter, choriste

[g] gag, guerre, aggraver, second, ghetto

[f] feu, affreux, éléphant

[v] vue, wagon

[s] se, asseoir, leçon, science, imagination, asthme, six, fils

[z] raser, deuxième, zèbre

[ʃ] chut, schéma, shérif

[ʒ] jeu, girafe, orangeade

[l] la, ville

[m] menton, pomme

[n] nuit, année, automne

[ɲ] mignonne, oignon

[ŋ] parking

[r] narrateur, rhume

Crédits iconographiques :

© Grégoire Chauvière : p. 28, 47, 84.
© Shutterstock : alazur : p. 119 (bg) ; Anatolir : p. 71, 113, 120, 125 ; bioraven : p. 77 (d) ; Chinch : p. 77 (g) ; DniproDD : p. 12 (mg) ; EgudinKa : p. 9 (table de droite + chaises + verres à pied) ; Flash Vector : p. 12 (md) ; GoodStudio : p. 119 (h) ; Illerlok_xolms : p. 121 (curseur) ; ina9 : p. 124 ; Kolonko : p. 12 (d) ; krzysmam : p. 121 (écran) ; Little_Monster_2070 : p. 9 (lampe rouge) ; Maike Hildebrandt : p. 9 (verre d'eau) ; Nifais Waepi : p. 12 (g) ; NMacTavish : p. 119 (bm) ; Planter Studio : p. 119 (bd) ; robuart : p. 9 (homme assis + table + lampe verte) ; Simply Amazing : p. 77 (m) ; studiostocks : p. 56.

Imprimé en Italie en mai 2023 par Grafica Veneta - Dépôt légal : Mai 2023 - Collection n° 09 - Édition n° 03 - 86/4636/7